刺さる英語

マーケティング翻訳術

岩木 貴子 著

SANSHUSHA

はじめに

時間とお金をかけた会社紹介の英語がいまいち、と感じたことはありませんか？　実務翻訳のベテランでも、マーケティング翻訳は明らかに勝手が違う、と感じている方もいると思います。そう感じているあなたと知恵を共有できればと本書を企画しました。

そもそも日本語で商品紹介のプレスリリースを書くにも、特別なライティング技術が必要ですよね。それはマーケティング文書の目的が宣伝だからです。正確な意味が伝わるだけでなく、メッセージが相手の心に届き、行動を起こしてもらえなければ意味がありません。その上翻訳の場合、訳したメッセージを受け取る人は、価値観も、思考パターンも、感性も違う英語社会の住民。そんな相手の懐に入るためには特別な翻訳術が必要です。

私はマーケティング翻訳を専門とする翻訳者です。日本語で書かれた商品やサービスの紹介文を英語社会の人々に届けるため、日々格闘しています。また、翻訳学校で教えるなかで、日本人がつまずく英訳のポイント、特にマーケティング翻訳ならではの難しさに気づきました。そういう問題を解決するにはコツがあります。

まず、メッセージを届けたい英語社会の読者をイメージすることから始めます。また、日本語ネイティブが無意識のうちに引きずられている価値観を意識化します。そもそも日本語と英語では文章構造も違いますし、謙虚な表現を好む日本語と、ストレートな表現が好まれる英語という違いもあります。本書ではそういう違いを具体的に説明し、英語文化に合わせた表現を探るコツを解説します。

国内向けの資料を忠実に英訳しただけでは、海外市場で期待する効果は得られません。本書が効果的な英語マーケティング文書作成の一助となれば幸いです。

岩木貴子

目　次

Part Ⅱ　文化・温度・文章作法の違い　31

Part Ⅲ　マーケティング翻訳の実践　55

Part Ⅳ　よくある間違い　147

Part Ⅴ　練習問題　159

Part I　行動を起こしてもらえる翻訳

❶ マーケティング翻訳と普通の翻訳、何が違う？

「大手の翻訳会社で、これまで契約書やIRなどさまざまな文書の英訳をきっちりこなしてくれた実績もある。それなのに、マーケティング文書の英訳を頼んでみたら、どうもしっくりこない訳が返ってきた。ほかの翻訳会社に頼んでみても、やはり似たり寄ったりの訳があがってくる。マーケティング文書の英訳は厄介だ。」

そういう問題意識をお持ちの方も少なくないのではないでしょうか。

ほかの分野は問題ないのにマーケティング文書の英訳だとうまくいかないのはなぜでしょうか？

ヒントは、「マーケティング」。

「マーケティングって何？」という方は、おそらくこの本を手に取っていないと思います。それでも、マーケティング文書では特殊な翻訳スキルが必要とされることに気づいている人は、実はあまり多くないのでは？

ご存じの通り、「マーケティング文書」はある製品やサービス、企業を知ってもらうために作られたウェブページやメールマガジン、パンフレットなどを指します。つまり宣伝文です。宣伝文の作成には、普通の文書作成とは異なるスキルが必要。マーケターは、効果的なマーケティング文書にするためにさまざまなテクニックを駆使します。

メリットではなくベネフィットを提示する。一文一義。段落の長さの調整。数字の効果的な提示など、マーケティング文書に使われているテクニックは枚挙にいとまがありません。一見何でもない普通の文書に見えますが、実はそういうテクニックが散りばめられた特殊な文書です。ですから、そういう特殊な文書を翻訳するには、ほかの文書の翻訳とは違うスキルやテクニックが必要なのです。

そのスキルやテクニックの説明に入る前に、まずマーケティング文書が一般的な文書とどう違うのか見ていきましょう。

❷ 宣伝文だということは？

相手は読みたいと思っていない

では、宣伝文だとほかの種類の文書とは何が違うのでしょうか。

例えば、マニュアルや報告書、ガイドラインなどは読者が読みたいと思って自発的に読むものです。取扱説明書や契約書のように、あまり読みたいとは思わないような類のものでも、読み手は必要性に迫られて自分から文書を手にします。

それが宣伝文の場合、進んで読もうとする人は滅多にいません。ネット上でも紙媒体でも大量に宣伝があふれているこのご時世では、宣伝文は嫌われ者です。なかなか読んでもらえません。

郵便受けにチラシが入っていたら読まずに捨てるという人は多いのではないでしょうか。オンラインの世界でも、広告、特にポップアップ広告は害虫扱いです。迷惑メールではなく配信に同意した広告宣伝メールでも、読まずに削除、という人も多いのでは？　つまり、製品やサービスに関心があるはずの人でも、宣伝文はできるだけ読まないで済ませようとするのが実情です。

例えばパソコン買い換えのために調べものをする場合でも、多忙な現代人はじっくり最初から最後まで読んだりしません。役に立つ情報、必要な情報かどうかを即座に判断し、いらないと思われたらその時点でウェブページは閉じられ、メールはゴミ箱行き。

ですから、読みたいと思っていない相手にどうにかして読ませるテクニックが必要なのです。

さらに言うと、どうにか最後まで読んでもらえればそれで目標達成、というわけでもありません。宣伝文には下心があります。会社の存在を知ってもらいたい。製品を買ってもらいたい。サービスを利用してもらいたい。会社のファンになってもらいたい。読むだけではなく、行動を起こしてもらいたいのです。

そのためにありとあらゆるテクニックを駆使して作成された販促ツール、集客ツールがマーケティング文書です。

❸ 読みたくない人に読んでもらうには？

さきほどマーケティング文書作成のテクニックを数個挙げましたが、翻訳をする上で知っておいた方がいい代表的な例をここでいくつかご紹介しましょう。マーケティングに詳しい方はすでにご存じの内容なので、ここは飛ばして「❹書き手の代わりに売り込むには？」に進んでください。

具体的な読者にアピールする

宣伝文は、何が何でも最大数の読者に届けなければ、というものではありません。その製品・サービス・企業の潜在顧客という、特定の読者を対象としています。

例えば、飼い猫に首輪をつけさせていたら毛がこすれて抜けてしまい、首輪の下はつるつるの地肌になってしまった、というのは猫飼いさんには割とよくある悩みです。その悩みを解決する、毛が抜けない猫の首輪についてのウェブページを作成するとします。この場合、働きかけたいメインの読者層は猫派の人々です。犬派の人がいくら読んでくれても、たいしてこの製品の売上にはつながりません。

さらに言えば、ぼんやりと猫好き全般に向けた文章を書いても、売上につながる可能性は低い。こういう悩みを抱えている人か、少なくとも猫と暮らしている人を呼び込めば、ニーズに働きかけることができます。つまり、対象読者を絞り込めば効果的なマーケティング文書になるのです。

それでは、どうすれば対象読者を絞りこめるのでしょうか。

つかみで「あなたの話ですよ」と知らせる

ヒント リードを見て、読者はウェブページを読むかどうかを決める。

つまり、ターゲット読者の関心を引く情報を1文目、少なくとも1段落目に入れておかなければ、1番読んでもらいたい相手に「私には関係のない話だ」と素通りされてしまうかもしれないということです。逆に言えば、潜在顧客に刺さる情報を冒頭に盛り込めば、そこで読者の選別ができる。

文書の冒頭で、「これはあなたの話ですよ」と対象読者に知らせるのです。これで対象読者の絞り込みは完了です。さきほどの例で言えば、「飼い猫」などのキーワードをキャッチコピーやリード文に盛り込みます。

読んでもらうために「語り口調」にする

大事な猫ちゃんには、脱走時のリスクを考えると首輪をしてもらいたい。でも首輪は嫌がるし、毛もはげてしまう……。そんな悩みをお持ちの飼い主さんに知っていただきたいのがこちら、猫ちゃん安心首輪です。

こうして潜在顧客が抱えている悩み（この製品が解決できる問題）を冒頭で提示することで、対象読者を絞り込みます。「そんな悩みをお持ちのそこのあなた、あなたに話しかけていますよ」と知らせているのです。

ここで注目してほしいのが文章のトーン。相手に語りかけています。宣伝文の基本は何といっても「語り口調」。語り口調が効果的だとされる理由はいくつかありますが、１つに「親しみやすさ」が挙げられます。例えば、今の文章を書き言葉にしてみたらどうでしょう？

大切な飼い猫には、脱走時のリスクを考えると首輪をしてもらいたいものである。しかし猫は首輪を嫌がるものだ。その上、首輪をすることで毛がはげてしまう危険性もある。このような問題に悩む飼い主に推奨されるのが、次の製品、猫ちゃん安心首輪である。

これでは読者に敬遠されてしまいます。何しろ、読んで欲しい相手は特に読みたいと思っていない。そこを振り向かせるには、宣伝文は「読み物」として面白くないといけないのです。

こちらの言い分ではなく読み手のベネフィットを伝える

また、「語り口調」というのは文体だけの問題ではありません。「語りかける」というのは、相手があっての話。事実をただ説明するのではダメなのです。それが相手にとってどういうことなのかを考えなくては。

こちらが言いたいこと（＝製品の機能や特長、メリット）を一方的に語るだけなら大きなひとりごとです。読み手には届きません。そうではなく、「あなた」にとってそれがどういうことなのか、何をもたらしてくれるのか（＝ベネフィット）を考えましょう。

さきほどのはげない首輪の例では、メリットとベネフィットはこのように違います。

猫ちゃん安心首輪は、革ではなくお肌に優しい木綿製。だから猫ちゃんの毛が抜けないので、気がついたら首輪の下はつるつるの地肌、ということがありません。猫ちゃんも抵抗なく首輪をしてくれます。

これだとメリットの提示。つまり、製品の説明でしかありません。一見ちゃんと宣伝できているようですが、実は切り口が間違っているのです。それは、「あなたにとってどういうことか」。この視点で書き換えてみましょう。

猫ちゃん安心首輪は、革ではなくお肌に優しい木綿製。毛も抜けず、嫌がられないので首輪をしてもらえます。首輪をしていれば、万が一猫ちゃんが脱走したときにも安心です。一目で飼い猫だと分かり、保護されておうちに戻って来られる可能性が首輪なしの場合よりも高くなります。

これで、ただの製品説明ではなく、「この製品があなたに何をもたらすか」を読み手に示すことができました。これがベネフィットの提示です。

「あなた」にとって分かりやすいかどうか、「あなた」にとって大事な情報かどうか。こうして常に読み手を意識し、読み手に寄り添った文章を作りあげると、「届く」文章になります。

相手の知らない専門知識で信頼を勝ち取る

まず、「こういうのって本当に困りますよね。分かります」と相手の懐に入り込む。読者のよき理解者というポジションを得ます。次にすることは、「専門家」としての地位確立。そのために、相手の知らない事実を提示します。世間で常識だと思われていることをひっくり返すような事実であればなおさら効果的です。

宣伝文は「読みやすさ」「親しみやすさ」が大事なので基本は「語り口調」ですが、ここは権威づけのための仕掛けなので堅い文体になっても問題ありません。むしろ、専門用語やデータをふんだんに使って専門性を打ち出していくところなのでトーンは堅めです。

さきほどの架空の商品ならこんな具合。

> 脱走時に捕獲され無事帰宅する率は、首輪を装着していない場合と比べて15%上昇、日数は20%減少しています*。令和4年6月1日にマイクロチップの装着が義務化される今、名前や電話番号が記された首輪の装着は必要なくなるのではとお考えの方もいるかもしれません。しかし首輪を装着していれば、脱走時に一目で飼い猫だと分かり、それだけ救出・帰還も早まるのです。自動車やカラスなど、危険がいっぱいの外の世界から一日も早く戻って来られます。
>
> ＊国際猫安全機関「飼育猫の脱走時における首輪装着の影響調査」(2022年)

これは架空のデータですが、数字を引用する際にはこのようにかならず出典を注記しましょう。ただ「この首輪は猫ちゃんの安全を守ります」と主張するよりも、「帰宅率が15%上がります」と数字による裏付けを提示した方が読者には信じてもらえる、とされています。

読み進めてもらえる文章を作る

このように権威づけのくだりではどうしても硬めの文章になります。むしろ、堅めの方がいい。ですが、データの垂れ流しでは読者に飽きられてしまいます。「つまらない」と思われてしまったらおしまいです。

さきほど述べた通り、マーケティング文書のターゲット読者はその文書を特に読みたいと思っていません。それどころか、できるだけ避けたいと思っているかもしれない。そんな人にどうにか読んでもらうためには、こういったテクニックも必要ですが、そもそも読み物として面白いものに仕上がっていることが前提となります。

そこで書き手の表現力が問われます。魅力的な表現や面白い言い回し。

そしてネガティブな表現よりもポジティブな表現を駆使しましょう。（読者の不安感をあおって購買意欲を刺激するテクニックもあります。しかし一般的にはポジティブな表現が好まれるとされています。）

また、言葉の誤用や文法ミスがあったりすると気持ちよく読めません（日本語で言えば、「てにをは」がおかしいと気になってしまいませんか？）。おかしな箇所に引っかかってしまい、そこで止まってしまいます。

「間違ってない？」と思うと、それまでは没入していた文章の内容から離れてしまいます。読者の注意が本題からそれてしまい、批判的な距離が生まれてしまうのです。本当は最後まで集中してこちらの言うことを聞いていてもらいたいのに、この瞬間に魔法は解けてしまいます。ですから、意図しない引っかかりは厳禁です。

この「引っかかりを作らない」というのは大事なポイントです。読者の意表を突くテクニックを使う場合を除いて、読むのが負担にならない、さらっと読めて意味がダイレクトに入ってくる文章が理想です。

それにはミスがないことだけでなく、論理の流れも肝要です。文章を読むとき、人は次に来ることを無意識のうちに予想しています。「1 足す 1 は」という流れだったら　心の中で「2」と思いながら読んでいるはず。そこで違う数を言われたら気持ちが悪いわけです。（あえて「3」と意表を突くことで、「え、一体どういうこと？」と読み手の関心を引くテクニックもあります。）

なので、論理的につながっているかどうかは常に意識しましょう。順接でつなげたのに順接の流れになっていない、逆接でつなげたのに逆接になっていない。これではいちいち読み手のリズムを崩してしまって、気持ちよく読んでもらえません。

こちらが意図的に想定外のことを言うのではないかぎり、読み手の想定を裏切らない、余計な引っかかりを作らないのが気持ちよく読んでもらえるコツです。

そして忘れてはいけないのが、これは宣伝文だということ。いつ何時ページを閉じられてしまうか分かりません。1 文どころか、1 ワードたりとも無駄にはできません。常にアピールです。「売り込む意識」を常に持ちましょう。ふんふんとスラスラ読んでいるうちに気がついたら「すごいなコレ」と製品が欲しくなっていた、というのが優れたマーケティング文書の効果です。

ここに挙げたような一般的な技法はマーケティングの文章テクニックを解説する本ならほぼ必ず取り上げていると思いますが、より詳しい説明は以下などをご参照ください。

有田憲史著
『「売る」文章 51 の技』（翔泳社、2010 年）

大橋一慶著
『セールスコピー大全』（ぱる出版、2021 年）

川上徹也著
『キャッチコピー力の基本』（日本実業出版社、2010 年）

神田昌典監修・解説、横田伊佐男著
『最強のコピーライティングバイブル』（ダイヤモンド社、2016 年）

ジョン・ケープルズ著、神田昌典監訳、齋藤慎子・依田卓巳訳
『ザ・コピーライティング』（ダイヤモンド社、2008 年）

ジョセフ・シュガーマン著、金森重樹訳
『全米 NO.1 のセールス・ライターが教える 10 倍売る人の文章術』（PHP 研究所、2006 年）

ロバート・W・ブライ著、岩木貴子訳
『セールスライティング・ハンドブック増補改訂版［新訳］広告・DM から Web コンテンツまで、「売れる」コピーのすべて』（翔泳社、2021 年）

❹ 書き手の代わりに売り込むには？

このように練り上げられたマーケティング文書ですから、ただ原文を訳せばいい、というわけにはいきません。マーケティング文書で大事なのは文字面ではない。詩や小説ではないので、大事なのは言語表現ではありません。

例えばキャッチコピーには詩的な作品もあります。

> 君が行く道は、僕が行かない道。
> 僕が渡る川は、君が渡らない川。
>
> Earth music&ecology ／ストライプインターナショナルのカタログ・ポスター、
> 新聞 2014 年 コピーライター児島令子 Writes pnPublishing 編
> 『毎日読みたい 365 日の広告コピー』March 26 、（ライツ社、2017 年、2020 年第 15 刷）

こういうコピーを前にすると、あまりに完成されすぎていて、この言葉の並びでしか表現しえないように思えます。ほかの単語ではこの作品を壊してしまう、という風に。この表現、この言葉をそのまま英語に移し替えるしかないように思えてしまう。

しかし、これは文芸作品ではありません。マーケティング文書です。マーケティング文書にはかならず狙いがあります。何だろうと思わせてウェブページを読んでもらいたい。驚かせたい。共感させたい。信じてもらいたい。この製品いいなと思わせたい。この製品が自分には必要だと思わせたい。とどのつまりは買わせたい。「売るために書かれた文章」なのです。

そういった狙いがあって書かれた文章です。繰り返しになりますが、大事なのは言葉じゃない。マーケティング文書ではいろいろな思惑があって単語や表現、文型が選ばれています。純粋な言語表現ではなく、狙いがあってこその表現です。表現は買わせるための手段にすぎない。大事なのは表現自体ではなく、その表現にどれくらい効果があるか。書き手の狙い、目的が果たせるかどうか。この思惑、書き手の狙いの部分が大事です。

Part II で詳しく説明しますが、別の言語で似たような単語や表現に置き換えたからといって、同じことができるとは限りません。ほぼ、うまくいかないと思った方がいい。

ですから、大事なのは書き手が何をしようとしているのかを読み取ること。マーケティング文書は読者を魅了するためにテクニックが凝らされています。英訳する際に、作り手側である私たちも読者と一緒になって原文に魅了されてしまっていては、英語版の読者に魔法をかけることはできません。

そのためには、魔法のかけ方、つまりマーケティング文書で使われているテクニックを理解しておくべきです。読み手を引き込み魅了するためのテクニックが分かっていれば、書き手が文章の中でやろうとしていることが理解できます。狙いを読み取って、違う言語でその目的を果たすのに最適の単語、表現、文型を選んで、その市場に合った別バージョンを作るというのがマーケティング翻訳です。

「訳す」のではなくマーケティング文書を「自分で書く」くらいの心構えがいります。あなたがその製品を原文の書き手に代わって英語で売り込むのです。訳すのではなく、代わりに売り込む。原文の呪縛はなかなか強固ですから、これくらいの意気込みでマーケティング翻訳にはちょうどいいくらい。

英語での魔法のかけ方を知らない原文の書き手に代わって、私たちが英語で魔法をかけるのです。

コラム1 そもそも英訳は自由なもの

Part II の冒頭でちらりと触れるように「外国の文化を紹介する」という性格が少なからずあった和訳では、原文重視の傾向がありました。海外の文化が知りたいのに、まるで違和感のない、初めから日本語で書かれたような文章に訳してしまっては本末転倒ですから。

そのため、日本語としては不自然だとしても原文に忠実な訳し方が好まれました。いわゆる「翻訳調」です。近年では意味が変わってきていますが、本来は、明治時代に外国の文化を日本に紹介するために確立された文体を指します（山岡洋一著『翻訳とは何か――職業としての翻訳』（日外アソシエーツ、2001 年）の第 1 章参照）。後に文学作品や外国映画の吹き替えなどにも使われるようになりました（「バタ臭い」文体とでも言いましょうか）。村上春樹作品では、米国文学の翻訳調が元から日本語で書かれたオリジナル作品の文体として昇華されているものもあります。それがさらに最近では、読みづらい訳、不自然な文章を指して、「直訳」と同じく批判的な意味で使われることが多いように思います。

クライアントも原文が読めることが多い和訳と違い、英訳だとクライアントは日本語が読めないのが一般的です（それにエンドユーザーである一般読者も）。原文を再現しようとすると英語としては読みづらくなってしまう場合、「原文にこう書かれているから仕方ない」という言い分は通りません。訳文がすべてなのです。誰も原文は読めないのだから。英語で書かれた単独の文章として成り立つものでないと、英訳として製品にならないのです。

もちろん、原文に唯一無二の価値がある文芸作品なら話は別ですが、一般的なビジネス文書、ことにマーケティング文書なら、「訳文至上主義」です。訳注で原文を参照してもらうわけにはいきません。

原文を一言一句忠実に訳しても、結果が英語として不自然な文章であれば製品になりません。それくらいなら、書き手の意図を汲んで、原文の文字面は忘れて自由に英語で再構築するべきだと言えます。

ですから、英訳はそもそも自由なものなのです。原文の単語チョイスにとらわれずに、思い切って大胆に訳しましょう。

コラム2 「直訳」は悪か？

本書でも「直訳」を批判的な意味で使っているところがありますが、世間では直訳というと悪者扱いです。でも直訳ってそんなにいけないものなのでしょうか？

通訳学校の授業では、「それは意訳ですね」という風に、直訳ではなく意訳が批判材料となります。そういう一流の先生方の訳は恐ろしく正確です。大量の情報を瞬時に把握し、余すところなく正確に原文を再現されます。なので、大意をつかんだ訳だと「それは意訳ですね」というお叱りが飛んできます。つまり雑な訳だということです。

一方、翻訳の授業では「直訳」という言葉が批判の意味で使われることが多い。ぎこちない訳、自然な日本語になっていない訳、という意味で使われます。特に文芸翻訳では、一流の先生方は元から日本語で書かれていた文章だとしか思えないような「日本語の作品」を編み出されます。そのため、元の英語が透けて見えるようなぎこちない訳だと「直訳」だというお叱りを受けるわけです。

このように、通訳学校では「意訳」が、翻訳学校では「直訳」がやり玉に挙げられる傾向があると思います。つまりどういうことかと言えば、意訳も直訳もそれ自体が悪いわけではないということです。

ひとえに「直訳が悪い」、「意訳が悪い」、というわけではなく、大事なのはその文書の目的に合った方法で訳すこと。

一般的にマーケティング文書では読みやすい、相手の懐に入るような訳が望ましいので、必然的に意訳が多くなります。Part II でお話しするように、英語と日本語が言語的にも文化的にもこれほど大きく違うということは、そもそも直訳は不可能に近いと言えると思います。

とはいえ直訳が可能なこともあります。奇跡的に（？）直訳でもごく自然な文に仕上がり、かえって目立たない訳になることも。しかしたいてい、言語的には直接的な置き換えが可能でも、文化的な差異があるせいで、直訳だと少なからず違和感が生じます。だからこそ、直訳はここぞという場面で意図的に使うと効果的です。

直訳と意訳を使い分けて、最大限の効果を狙っていきましょう。

コラム3 英訳で和英辞典は厳禁！

英訳で和英辞典を使うのは間違いのもとです。英訳なのになんで、という声が聞こえてきそうですね。具体例で考えてみましょうか。例えば次の文。この「たしかに」は英語だとどう言えるでしょう？

原文：たしかに、この県の経済を牽引しているのは観光業である。

和英辞典で「たしかに」を引くと、certainly、surely、definitely などの単語が出てきます。しかし、上の文を英訳するのにどれでも使えるわけではありません。例えば surely を上の文に当てはめると、違和感のある英文になってしまいます。

ダメな訳例：Surely, the tourism industry is the driving force of the economy in this prefecture.

どうしてこれだとおかしいのでしょうか？　まずは surely の用法を確認しましょう。コウビルド米語版英英和辞典ではこのように説明されています。

1 ADV 副詞 [ADV with cl/group] EMPHASIS　強調

You use **surely** to emphasize that you think something should be true, and you would be surprised if it was not true.

間違いなく、確かに

You're an intelligent woman, surely you realize by now that I'm helping you.

あなたは利口な女性だ．わたしがあなたを手助けしていることはきっともう分かっているでしょう．

You surely haven't forgotten Dr. Walters?

ウォルターズ先生のことをちゃんと覚えているでしょう？

2 ADV 副詞 FORMAL　形式ばった

If something will **surely** happen or is **surely** the case, it will definitely happen or is definitely the case.

必ず

He knew that under the surgeon's knife he would surely die.

彼はその外科医の執刀では必ず自分が死ぬことを分かっていた.

3 PHRASE 句

If you say that something is happening **slowly but surely**, you mean that it is happening gradually but it is definitely happening.

ゆっくりだが確実に

Slowly but surely she started to fall in love with him.

ゆっくりだが確実に彼女は彼に恋し始めた.

You use **surely** to express disagreement or surprise. *Surely you care about what happens to her*. You use **certainly** to emphasize that what you say is definitely true. *His death was certainly not an accident*. Both British and American speakers use **certainly** to agree with requests and statements. "*It is still a difficult world for women*."—"*Oh, certainly*." Note that American speakers also use **surely** in this way.

Oxford Advanced Learner's Dictionary, 9th Edition でも、“The meal was certainly too expensive (= there is no doubt about it)” と “The meal was surely too expensive? (= that is my opinion. Don't you agree?)” という 2 つの例文で surely と certainly の違いを説明してい

ます。「たしかに、この県の経済を牽引しているのは観光業である。」の「たしかに」は、譲歩を導入している（「しかし〜だ」という風に続く）か、前を受けて強調という風に読めます。surely ではなく certainly を使うとどのような書き方になるでしょうか？

文脈次第ですが、例えば以下のように訳せます。

訳例①：Tourism is, certainly, the driving force of the economy in this prefecture.

訳例②：Tourism certainly is the driving force of the economy in this prefecture.

訳例①は譲歩や逆接の場合で、“Yet, it is on the decline in recent years.” などと続きます。訳例②は強調です。ほかには undoubtedly、positively なども言えます。２番の形式ばった surely の用法がこれにあたります。

このように、単純化された定義よりも「どのように使われるか」、つまり用法が非常に大事なのです。辞書で大切なのは単語による端的な定義ではなく、もっと丁寧な意味の説明と例文や解説だと思います。言葉の持つ広がりは、数個の単語では到底定義しきれません。

それなのに、和英辞典では単語の羅列のみで用法が説明されていない場合がほとんどです。解説どころか例文もないことが多い。そのため、どういう文脈でどういう使われ方をすると「surely ＝たしかに」の意味になるのかを知らないまま、「surely ＝たしかに」とインプットされてしまいます。

英訳では基本的に和英辞典を使わないようにしましょう。どうしても「たしかに」という意味の英単語が思い出せないときに記憶を刺激するために使う程度にとどめた方がいいと思います。

その場合も、調べて見つかった単語が知らないものだったら訳文に使うのは非常に危険です。まず使わない方が安全だと思いますが、どうしてもその単語を使わないわけにはいかないのなら、英英辞典で丹念に用法と例文と解説を読みこんで、少しでもその単語と知り合うようにしましょう。

和英辞典だけでなく、英和辞典も使うのは基本的に「あれ、日本語で何て言うんだっけ？」という度忘れのときだけにした方がいいと思います。理由は同じく、「〇〇イコール××」という風に１語でインプットされてしまうから。

言葉にはどれも歴史があります。長年多くの人に使われてきた中で意味や用法が形作られてきたわけです。日本語なら日本語、英語なら英語を何年もかけて習得する中で、いろんな人がその単語を使う場面に遭遇して、「こういう使われ方なのか」という風に単語のひとつひとつと知り合っていくのが本来の形。何度もその単語を見かけて書き手・話し手の意図を類推することで、その単語の用法を習得していきます。そうして、その人にとっての定義が形成されるわけです。

辞書に載っている定義は、そうやって形成される個々人の定義を膨大な数集めて、最大公約数をピンポイントで拾い上げたようなものです。そのため、定義だけ見るとその単語の持つ広がりや根っこのところは失われてしまいます。「surely ＝たしかに」という単純な話ではないのに、辞書で引いて定義だけ見る人の頭の中では「surely ＝たしかに」という公式として記憶されてしまうのです。

人生の中で、ひとつひとつの言葉といろんな場所で出会って用法を学んでいく。言語はその集合体ですから、言語の学習には何年もかかります。その数少ないショートカットが辞書（と文法）です。私たちの大きな味方なのですが、とはいえ使い方には注意が必要。

知らない単語の定義を辞書で学ぶのは危険です。定義だけを見ると偏った知識、場合によっては間違った知識を身につけてしまいかねません。

和英辞典や英和辞典はあくまで知っている単語の確認のみ（度忘れやブレインストーミングの際）に使うようにして、知らない単語を調べるときは英英辞典を使うことをお勧めします。くれぐれも、辞書で見つけた知らない単語を訳に使ったりなさいませんように。

コラム4 可算か不可算か

可算名詞と不可算名詞という区別は、日本語ネイティブにとってとっつきにくいものではないでしょうか？　中学時代に名詞の可算・不可算という概念を習ったときに、液体が数えられないというのはまだしも、魚が数えられないというのは不条理だと思った記憶があります。

簡単に言うと、不可算名詞は概念、可算名詞は具体的なモノです。

例えば、「行政」を和英辞典で引くと administration や government などの単語が出てきます。では、以下の文を訳す際にそういう単語が使えるでしょうか？

原文：行政と民間企業、市民の協力が環境問題の解決に欠かせない。

ダメな訳例①：Administrations, private companies and citizens must work together to solve environmental issues.

上の訳例は何が問題なのでしょうか？

行政はたしかに administration と訳せることもありますが、その場合は行政という概念です。ですから、administrations と複数形にするのは間違い。同じように、government も行政、統治という概念です。

（ちなみにどちらも the をつければ「行政を執り行うモノ」という意味にもなり、the administration（行政機関、the XX administration で○○政権）、the government（政府）となります。）

ここで一緒に並べられている民間企業や市民は概念ではなく具体的なモノとして訳されています。ですから行政という概念ではなく、government bodies など、行政機関という具体的なモノを指す表現ならこの文脈にぴったりです。

別の例で可算・不可算の違いを考えてみましょう。

例文：Under our motto of "Constant Improvement," we always review our established methods and processes, and these improvements help ensure that we offer the best products.

前半部分では improvement が不可算名詞として、後半部分では可算名詞として使われています。同じ単語なのになぜ違うのでしょうか？

答えはさきほどと同じ、概念と具体的なモノの違いです。前半部分で言っているのは「改善」という概念。一方、後半部分で言っているのは「改善したこと、改善された点」という具体的なモノです。

概念として語っているのか、具体的なモノを指しているのかに注意して、可算名詞にするか不可算名詞にするか選びましょう。

コラム5 カタカナ語は要注意

英訳で危険なのが、アピール、チャレンジ、インプット、クレームなどのカタカナ語が原文で出てきたときです。思わずそのまま appeal などと訳したくなります。でもそこはぐっとこらえて。きちんと文脈に合った単語を選びましょう。

カタカナ語は基本的に外来語です。よく使われる外国語が日本語となったものを指します。それがどういうことかと言えば、元の単語と往々にして使われ方が違うのです。まったくの別物として考えた方がいい場合もあります。

クレームは苦情という意味で使われますが、claim は誰かが唱える主張という意味だったり、誰かの何かに対する権利だったり。challenge も appeal も日本語の感覚よりもずっと重々しい意味合いだったりと、カタカナ語と元の英単語は使われ方も意味も違うことが多いのです。

くれぐれも無自覚に元の英単語に還元させないよう、カタカナ語には要注意です。

コラム6 英語で一般論を語るなら

たまには格調高い例文を出してみましょうか。

例文①：A single man in possession of a good fortune must be in want of a wife.

そうです、"Pride and Prejudice"（Jane Austen、1813年作）の有名な書き出しの1文です。「裕福な独身男性なら結婚相手を探しているに違いない」という一般論ですが、単数形で独身男性全体を表しています。単数に全体を代表させる、比較的珍しい総称の用法です。

総称には別の用法もあります。これも格調高い例をアダム・クラークによる聖書解説 (Adam Clarke's Bible Commentary, 1 Corinthians 7:33) から引いてきましょう。

例文②：The *single man* is an *atom* in society; the *married man* is a *small community* in himself.

「独身者は社会において単独の孤立した存在だが、妻帯者は単独でも小さな集団を成す」という一般論です。この例では定冠詞theを使って独身男性、既婚者を概念として語っています。これも総称の用法です。

しかし今時の英語はもう少しフランクです。現代英語で一般的な書き方としては、もうひとつの用法である無冠詞の複数形が挙げられます。

例文③：Single men are far more prone to mental disorders than any other large group of Americans.

これも一般論（「米国において独身男性はほかのどの層よりも精神的疾患にかかりやすい」）ですが、ここでは無冠詞の複数形で「独身男性」全体を表しています。

今の時代にビジネス文書で一般論を訳すなら、おススメなのは無冠詞の複数形。一般論は複数形と考えておくといいと思います。

Part II 文化・温度・文章作法の違い

❶ 言語文化の違いをどう訳す？

Part I の最後で、原文の単語をそのまま英語に置き換えても原文と同じようにはいかない、という話をちらりとしました。なぜうまくいかないのか、これから詳しく説明しましょう。

理由はいろいろとありますが、大きな要因は「文化の違い」。

日本語と英語で言語の構造が違うのは言わずもがな。誰もが把握している事実です。しかし、言語構造の違いに比べて、文化の違いはそれほど意識されていないのではないでしょうか。

これは、１つに日本では「翻訳」が主に海外の出版物や映画などを日本語に訳す、つまり海外の文化を日本に紹介する行為だったからではないかと思います。

例えば、デニーズが 1974 年に日本上陸した際、「ようこそデニーズへ」というそれまで耳にしたことのない挨拶語に当時の日本人は驚かされたそうです。これを日本文化に合わせて「いらっしゃいませ」とだけ言うようにしていたら、異文化性は薄れてしまいます。それまで日本にはなかった米国のレストランチェーンを印象づけるのに、「ようこそ○○へ」という直訳の挨拶は大正解だったわけです。

このように、言語には背負った文化があります。日本語の「おつかれさま」は英訳できない、というのは有名な話です。たいていの場合お礼ではないので、“thanks” だとおかしい。何かしてもらったことに対してではなく、自分とは無関係なことに対して言う場合が多いですよね。苦肉の策で “good job” や “well done” と訳しても、ニュアンスが違う。こうして何気なくねぎらう文化が英語にはないから、しっくりくる訳語が見つからないのです。

「がんばって」も同じように厄介です。深い意味はなく、いわば挨拶代わりに「じゃ、がんばって」などと言ったりします。これが「試験がんばって」だったら “Best of luck with your exam.” などと言えますが、漠然とした「がんばれ」も結構多い。何となくよく使われる励ましの言葉です。

またその反対に、“take it easy” は日本語の文化にはない表現なので訳しづらい。日本語では何気なく別れ際に「がんばってね」という場面で、米語では深い意味はなく挨拶代わりに“Take it easy.”と言ったりします。

これを「気楽にね」、「頑張りすぎないでね」などと訳すと違和感があります。決まり文句は、字義通りの意味を込めて言っていることは稀なので。文字面は正反対ですが、空洞化したequivalentな表現と言える「がんばってね」が訳語として一番しっくりくるのかも。

とはいえ、別れ際に「がんばってね」と声をかけるか、“Take it easy.”と声をかけるかで、発言者の心持や姿勢に違いはあるのかもしれません。その根っこのところには文化の違い、国民性の違いがあるのでしょう。

文法にのっとって単語を置き換えていけば翻訳完了、ではありません。異文化性を前面に打ち出したいのであれば直訳的に訳して違和感を残す。引っかかりをなくしてするっと読める文章にしたいのであれば文化に合わせて「自然」な訳文にする。字義の根底にある文化を読み手に意識させるか、させないかの違いがあります。

このように、その表現にどれくらいの意味、アクセント、インパクトを持たせたいかによって訳し方は変わってきます。

❷ 温度差をどう切り替える？

低姿勢の日本語をストレートに売り込む英語にする

日本語のマーケティング文書と英語のマーケティング文書では温度差があります。日本語では腰が低いのが原則。一方で、英語では売り込もうとするなら「自信」が大事です。そのため、基本的に英語の方が強気に聞こえます。

日本は「つまらないものですが」の文化です。愚妻、愚息。へりくだるのが伝統的な日本の常識です。一方、米国を中心とする英語文化では、身内であっても褒めるのが一般的。分かりやすくするために極端な言い方をすれば、高価な銘菓を「つまらないものですが」と差し出すのが日本語文化で、うちのおばあちゃんが作ったピーカンパイが最高に美味しいから食べて、と渡すのが米語文化。

ですから、日本語文化そのままに「手にとっていただきたい」の低姿勢で英訳したのでは、マーケティング翻訳としては失格です。

最近は少し流れが変わってきているように感じますが、日本企業の宣伝は基本的に「努力」を売りにします。成果物のアピールよりも取り組む姿勢のアピールに重点が置かれがちです。「こんなにすごい製品なんですよ」とストレートに売り込むよりも、「良い製品にするためにこんなにがんばっています」のように、真摯な取組姿勢を最大限アピールします。うちはこんなにすごいんですよ、と臆面もなく公言するのは日本人としては躊躇われる、ということでしょうか。

一方米語文化では、自社製品がそれこそどんなに優れているかを最大限効果的に謳うのが宣伝です。製品の優位性をアピールするのでなければ宣伝する意味がない、とすら言える。謙遜の入り込む隙間や余裕はありません。製造に取り組む姿勢、極めることへのこだわり、職人気質などにフォーカスが当てられることはあまりないように思います。売り込むのは企業の姿勢ではなく、ストレートに製品の良さ。

ですから、宣伝文を英訳する際に、競合はどこも「こんなにいい製品ができました！」と断言しているのに、１社だけ「いい製品をお届けするために日々努力しています」のノリでは押しが弱すぎて宣伝になりません。市場に合わせた売り方にしないと。「最高の製品／サービスだからこそあなたに使ってもらいたい」のです。

見ていただく、買っていただくのではなく、この製品が買えること、あなたに売ることは exciting だというくらいの興奮状態に持っていきましょう。“We'd like you to give it a try.” ではなく、“We have great opportunities for you.” なのです。

❸ 構造的な違いをどう切り替える？

こういった言語文化の違いだけでなく、言語の構造的な違いももちろん大事です。この違いを理解すれば、スムーズに英語と日本語の間を行ったり来たりできるようになります。

例えばよく言われることですが、英語では能動態が好まれ、日本語では受動態が好まれる。日本語では敬語が大事だが、英語に敬語はない。

これはどちらも厳密に言えば不正確なのではないでしょうか。英語では能動態、日本語では受動態だというよりも、英語では行為の提示、日本語では事実の説明が一般的なのだと思います（どういうことかは次のセクションで説明します）。ここでは、受け身かそうじゃないか、という単純な話ではないのでは、と問題提起するだけにしておきましょう。

次に、敬語の話。日本語（というよりも日本企業の文章）では敬語、特に謙譲語が大事です。最近はフレンドリーな広告も増えてきましたが、基本的に丁寧な文章が好まれます。伝統的に敬語が当たり前の社会では、敬語を取っ払ってしまうと尊大に聞こえてしまう危険性があるのです。

一方、英語に敬語はないというのは本当でしょうか。たしかに英語に謙譲語はないか、元々あったとしても現在一般的に使われていないと思いますが、敬語（というよりも丁寧な表現）はあります。例を挙げれば、“Would you mind closing the door for me, please?” や、“Could you pass me the salt, please?”、さらには “May I have your attention, please?” などの助動詞を使うパターン。“I’m afraid that is not possible at the moment.” のようにワンクッション入れる表現を使うパターンなど。米語では一般的には使われていませんが。

とはいえ、どちらも英語と日本語の傾向を大まかにとらえているとは言えます。

このような構造的な違いも意識して意図的に訳し分ける必要があります。どういうことか、詳しく見ていきましょう。

「○○は○○である」の日本語を「誰がどうした」の英語にする

日本語と英語で大きな違いと言えばコレ。日本語では「○○は○○である」という風に事実を述べる文型が多く使われます。そのため、割と抽象的な書き方になりがちです。一方、英語では「誰がどうした」と直截的で具体的な書き方が一般的です。

例えば、こんな文。

日本語：そうしたことが、効果的な安全対策の策定につながります。

これを、そのまま英訳するとこういう具合です。

英文①：That **leads to the development of** effective security plans.

しかしこれでは観念的で、あまり英文らしくはない。動詞ではなく名詞が中心になっていて、行為者が明示されていません。これを、「誰が何した」という具体的な話にしてみましょう。するとこんな感じになります。

英文②：That may **help you develop** effective security plans.

これで、「誰がどうした」の形になっています。

英文①では「対策の策定」のくだりが“the development of effective security plans”とそのまま熟語的に訳されています。これを開いて訳し、「誰が何する」（あなたが策定する）の形にしたのが英文②です（“help you develop effective security plans”）。

こういう具体的な訳し方で１点注意しないといけないのは、「情報の補い方」です。ここでは「策定につながる」という部分に「誰が策定するのか」（行為者）を補って、「あなたが作成するのを助ける」と訳しています。しかし、間違った情報を勝手に足してしまうと誤訳になります。情報を補うのは、あくまで文脈から読み取れる場合のみですので、その点重々お気をつけください。

行為者を補うのは実は危険な場合も。行為者が文中に明示されていない場合、文脈から明らかなので書かれていないのなら問題はないのですが、いざピンポイントにはっきりさせようと思うと意外にあいまいだったり……。さらには意図的に省かれていたりすることもあります。この場合、書き手があえて伏せているものを訳者が勝手に明示するわけにはいきません。

意外に難しい理由がもうひとつ。日本語はトピック言語です。何人かのグループでお店に行った際に「私は天丼」と注文するときの「私」は主語ではない、というあれです。これを“I'm *tendon*.”と訳したら妙なことになります。“A bowl of *tendon* for me.”ということですね。うっかりしているとトピックと主語を間違えてしまうのでご注意ください。

（これはトピックの用法の有名な例ではありますが、実は主語として訳せなくもありません。お店の人に注文する前に仲間内で「私は天丼にする」と宣言しているのなら、“I'm having a bowl of *tendon*.”のように主語として訳せます。

さらに言うと、この状況でお店の人に直接注文しているのであっても、実は同様に“I'll have a bowl of *tendon*.”と訳せます。「私は天丼（にします）」は英語だと主語として訳せるということですね。）

例えば、治験関連の文書を管理するシステムについてのウェブページに次の１文があったとします。（このシステムはオンラインで文書の授受ができるため、直接施設を訪問する必要がなくなり、リモートモニタリングに役立ちます。）

原文： リモートモニタリングはコロナ禍で主流となりつつあり、治験のペーパーレス化に欠かせない存在となっています。

これを素直にそのまま訳したのが次の訳例①です。

訳例①： Becoming the norm during the pandemic, remote monitoring has become essential to the success of paperless clinical trials.

たしかに、原文を見るとリモートモニタリングが主語のように思えます。しかしここで忘れてはいけないのが、マーケティング文書は宣伝文だということ。治験関連の文書を管理するシステムについてのウェブページだったら、治験関連の文書を管理するシステムを売り込んでいるはず。つまり、実はリモートモニタリングはトピックで、システムが文の主語なのです。

訳例②：This document management system has become essential to the success of paperless clinical trials, with remote monitoring becoming the norm during the pandemic.

このように、トピックと主語は意外に間違いやすいので、原文にない行為者を補う際にはくれぐれもご注意ください。

文章の構造を切り替える

また、日本語と英語では文の構造だけでなく、文章の構造も違います。日本語はたいてい背景から入り、事情を説明します。論拠を重ねた上で、最後に結論を提示。英語はそのほぼ反対で、最初に結論を提示してから論を組み立てていきます。

これはあくまで個人的な意見にはなりますが、こういう図式が成り立つかと思います。

背景から入る日本語　⇔　結論から入る英語

日本語の文章だと、最初に終着点は見せずに、一緒にそこまでたどり着いて欲しい。「あーでこーでこうなります」型です。一方、英語の文書だと、最初に終着点を見せて、どうやってそこにたどり着いたかを説明します。「これはこうです、あーでこーだから」型ですね。

もとは漢詩に由来するものだそうですが、日本人が一般的に文章構成として意識するのは「起承転結」ではないでしょうか？　背景や状況、トピックの提示から始まり、テーマを深めていって最後に結論。

一方、英語論文の書き方を習った方は、次のような文章構成をご存じだと思います。最初に topic sentence で主張やトピックを提示してから supporting sentences で論証し、最後に concluding sentence でふたたび主張を提示して全体をまとめる。

「背景から入る日本語と結論から入る英語」というのもそう大きく外れてはいないのではないでしょうか。

これはつまりどういうことかと言えば、日本語の文章作法にならった原文の構成そのままに英訳すると、読者には読んでもらえないかもしれない、ということです。

私たちは行先を知らされずに読み進めることに慣れている。でもそれだと英語の読者は「この人は一体何て言いたいんだろう」とストレスを感じてしまいます。ヘタすると途中で離脱してしまうかもしれない。

文章全体の構成を大きく変えるのはなかなか勇気が要ります（クライアントの承諾も）。いくら何でも段落の位置を変えるような大手術は無理、と思われるかもしれない。でも、段落内で文の順番をちょこっといじるくらいなら現実的なのでは？　段落ごとの構成を英語の文章作法にならって組み替えるだけでも、英語の読者にとってはずっと読みやすくなります。

何となく読めてしまう日本語を結論提示型の英語にする

結論提示型の英語に切り替えられるようになるには、まず一緒に旅する日本語の文章作法を客観的に把握する必要があります。そもそも、どうして日本語の文章ではこういう行先を告げないサプライズ旅行のような形が好まれるのでしょうか？

日本語の文章で最初に結論を提示しないのには訳があります。一緒に旅する型にはそれなりの良さがあるのです。どういう良さでしょう？

はなから同じ意見なら別ですが、いきなり結論をぽんと提示して「そうですね」と納得してもらえる可能性は低いと思います。それまで考えたこともなかった意見を説明もなしに突きつけられたら、すんなり受け入れられない。抵抗がありますよね。衝突を生んでしまいかねない。そこで、最初に結論は提示せずに、結論に至るまでの道筋を一緒に旅してもらうのです。

読み手は流れに身を任せることになるので、書き手がどう論理を組み立てているかをあまり意識しない。つまり、日本語の文章には批判的に分析させない性質があると言えます。論理の組み立て方がスケルトン状態の英語と違って、骨格が見えにくい。英語が主張の提示なら、日本語は共感性の文章です。読み手が意識的に分析しないと流されてしまいます。何となく分かった気になってしまうのです。

さらに、マーケティング文書は読んでもらうために工夫が凝らされていますから、とにかく読みやすい。読むことが負担になりません。効果的なマーケティング文書であれば、読み手は何も考えずにひたすら読み進めて、立ち止って考えるのは書き手に誘導された場合のみ。一般消費者ならそれでいいのですが、英語版の「書き手」となるべき私たちがそれでは困ります。「読まされ」てしまわないように、なおのこと要注意なのです。

そういう性質をもった日本語のマーケティング文書を英語に訳すには、まず原文を分析する必要があります。訳者が一読者として原文の流れに身を任せたままだと、論理の骨格がつかめない。書き手が何をしているのかが把握できないのです。それでは英語の構造に切り替えられません。

英訳というと訳出の側面ばかり注目されがちです。とかく英語力の話に終始しがち。もちろん、英訳するならネイティブレベルの英語力が必要です。自然で読みやすい英文を書くためには文法をガッチリ固めるのはもちろんのこと、英語で自由に筆を運べる高い表現力もなくては。でも実はそれよりもまず原文解釈が非常に大事で、これが意外に困難なのです。原文解釈の重要性が盲点になっているように思います。

翻訳者トライアルで英語ネイティブと日本語ネイティブの訳文を比べると、強み・弱みに傾向があります。

英語ネイティブの翻訳はたいてい訳出の側面が強みで、読みやすく自然な英文になっている（これは英語ネイティブだから当たり前というわけではなく、翻訳者だから、ですね）。しかし同時に原文解釈が弱点。日本語ネイティブだったら読み間違えないところで、私たちから見ると思いも寄らないような解釈ミスを起こしてしまうきらいがあります。

一方、日本語ネイティブの翻訳は文法や表現力の側面で劣るものの、原文解釈ではそういう奇想天外なミスはない。日本語ネイティブの翻訳者は原文解釈には自信があります。当然読めると思っている。しかし実は、日本語ネイティブだって原文解釈は要注意なのです。なぜなら、日本語の文章は「分かった気にさせる」から。

❹原文に読まされてないか？

原文は「読まない」

それでは、原文に惑わされずにマーケティング文書を英訳するにはどうすればいいのでしょうか？

まずは、「読む」のではなく「分析」しましょう。マーケティング文書にはかならず「狙い」があります。

その文書の役目は？　会社の認知度をあげたいのか、製品・サービスの売上アップなのか、それともファンを作りたいのか？　その段落の役目は？　潜在顧客の絞り込みでしょうか？　権威としての信頼性の確立でしょうか？　はたまたベネフィットの提示でしょうか？　さらに、その段落内においてその１文が担う役目は？　意見？　論拠やデータの提示？　前とのつなぎ？　などなど、まずは原文の構成を丸裸にしましょう。

「言葉」じゃなくて「狙い」を見る

次に、１文ずつ分析します。例えば次の文。

原文：コロナ禍における医療現場の課題を解決

この「現場」は絶対に「現場」としか言い表せないでしょうか？　書き手は何が言いたくて、なぜその言葉を使っているのでしょう？　この視点がないと、「現場」という言葉にとらわれて、例えば次のような表面だけをなぞった不自然な訳になってしまいます。

訳例①：Solving issues **at medical sites** during the COVID-19 pandemic

「何を言っているか」ではなく、「何が言いたいのか」「何が狙いなのか」をかならず考えるようにしましょう。そうすると原文の文字面にふりまわされることはなくなります。

慣れないうちは意外に難しいものですので、いきなり英訳するのではなく、まず日本語で、同じ内容の文章を自分の言葉で書いてみる、という訓練もおススメです。

さきほどの例で言うと、こんな具合です。

書き換え：コロナ禍で医療従事者が直面している課題を解決

「現場」ではない別の言葉でも、同じことが言い表せますよね。自分の言葉で書くことによって、原文の「文字」から解放されて「意味」「意図」に意識が向くようになります。そうすると、自然と訳も変わってきます。

訳例②：Solving issues **medical workers face** during the COVID-19 pandemic

「言葉のあや」に惑わされない

再三お伝えしている通り、マーケティング文書には読んでもらうための工夫が凝らされています。読み物として魅せるための書き方に惑わされないようにしましょう。例えば、「仕事との関係性ができてくるのです」という文はどう訳せるでしょうか？　少し長いのですが、文脈が分かるように段落ごと載せます。

原文：社会人として経験を積む中で、自分の実力以上の案件を任されることもあります。しかしそういう時こそ、自分の殻を破り、成長する機会なのです。無理かもしれない、ダメかもしれないと思いながらも頑張り抜いた時、それまでなかった自信が身につき、また新たな挑戦に挑む勇気がわいてきます。この繰り返しで、そのうちに「私はこの仕事に向いてるかも」と思えるようになる。仕事との関係性ができてくるのです。

最後のくだり、「仕事との関係性ができてくるのです」というのはどういう意味でしょうか？　ただ読んだだけなら何となく分かったような気になるのですが、いざ英訳するとなると困りませんか？

訳例①：You will gradually **build a relationship with your job** by repeating such a process until you realize that you have found yourself a calling.

こうしてそのまま訳すと、何が言いたいのかいまいちピンとこない英文になります。仕事との関係って、仕事への取り組み方ということでしょうか？　仕事へのアプローチということ？　もしくは、ここだけ切り取るとワークライフバランスの話に聞こえてしまうかも。

ここで言っているのはそういうことではなく、背伸びをして挑戦するうちにできることが増えていく、「仕事を覚えて一人前になる」ということですよね。仕事が自分のものになる、自分の仕事と言えるようになる、と言ってもいい。自信を持って「○○やっています」と言えるようになる、ということだと思います。ということは、例えば次のように訳すと意味が伝わりやすくなります。

訳例②：When you experience small successes enough times, you come to **own the job**, knowing that you have found your vocation.

（ここで使っているown the jobというのは、「仕事を自分のものにする」「責任を持って主体的に取り組む」という意味の口語表現です。）

このように、装飾部分はそのまま訳すとたいていおかしなことになります。英語のやり方でそのくだりを飾りつけるか、または実直に文意のみを訳しましょう。

❺ 英訳する上でどこに注意すべきか？

次の Part III ではいよいよ実在するウェブページを英訳してみましょう。でもその前に、マーケティング文書を英訳する際に気をつけないといけないポイントを挙げておきます。英訳ならではの注意点も、マーケティング文書ならではの注意点もあります。

誰が誰に向けて語りかけているのかを意識する

日本人読者向けに書かれた文章を英訳する際に要注意なのが、「誰が誰に向けて語りかけているのか」。

原文は日本企業が日本人読者向けに書いたものなので、たいてい書き手は読み手と同じ側に立っています。それが英訳となると相手は日本人ではありません。「我々＝日本人」というくくりで書かれた文章は要注意です。

マーケティング文書では、原則として書き手は常に読み手の味方です。それなのに、「あなたも私も日本人」というくくりで書かれた原文をそのまま訳してしまうと、読者は仲間外れになることもあります。下手すると、無自覚に日本礼賛の書き方になってしまって読者を疎外してしまうことも。

例えば、次の文はどうでしょうか？

原文：「もったいない」という意識は美徳として海外でも受け入れられつつあります。

訳文① -1：People have come to understand the value of reusing and repurposing things, **even outside of Japan**.

この訳し方は問題です。「日本人以外ですら美徳と思う」と書かれているまさにその「以外」の人々が読者なのに、日本人よりも下に見ているようにとられかねない書き方ですから。

原文の書き手は日本的だと思っている美徳が海外でも重んじられるよう

になったと言いたいだけで、特に他意はないのでしょう。しかし訳し方によっては「他意」が読み込まれてしまう危険性があります。ここは無難に、訳文① -2 のように読み手と書き手の間に線を引かないように訳した方がいいでしょう。

訳文① -2：People have come to understand the value of reusing and repurposing things, **globally**.

このように、ちょっとした表現の選択で印象はずいぶん変わります。「誰が誰に向けて売り込んでいるのか」を常に意識しましょう。

「相手に届ける」ために意識を変える

●「あなた」目線で訳す

Part I で「メリットではなくベネフィットを提示する」というマーケティング文書のテクニックを取り上げました。「製品やサービスがどういうことをするか」ではなく、「あなたにとってどんないいことがあるか」という切り口で売り込むと相手に届く、という話です。

マーケターだけでなく、翻訳者にとってもこの意識は大事です。この意識を持つことで、訳が大きく変わってきます。例えば、次の文はどう訳せるでしょうか。

原文：皆さんの効率的な品質管理を支援するサービスです。

訳文①：**This service assists** your efficient quality management.

これでは事実を説明しているだけです。「あなた」にとってどういうことかは打ち出されていません。読み手にとって大事なのは製品やサービスの機能ではなく、あくまで自分にとってどう役立つのか、どういうベネフィットがあるかという点。「あなた」目線の書き方に変えてみましょう。

訳文②：Using this service, **you can achieve** efficient quality management.

● 相手に寄り添う訳にする

訳文①と訳文②で、言っていることは変わりません。ただ、２つの訳文には「読み手を意識しているかどうか」という決定的な違いがあります。この違いのせいで、読み手にとって関心が持てる度合、つまり情報の価値が変わってくるのです。

マーケティング文書を訳すときには、常に「あなた」目線で。**読み手にとってその情報がどういう意味を持つのか、どういう価値を持つのか**を意識して訳すようにしましょう。そうすると関心が引けて、読んでもらえる、届く文章になります。

「訳す」のではなく、「自分で書く」つもりで取り組む

Part I で説明したように、マーケティング文書は「読み物」です。読みたくない人に読んでもらうために工夫が凝らされた文章です。書き手の意図が分からずに訳してしまうと、その仕掛けがうまくいかないこともあります。しかも、Part II で見てきた通り、言語・文化の違いがあるので、そのまま訳してもうまくいかない可能性は非常に高い。

「訳す」という意識だと、原文第一になりがちです。ひとつひとつの言葉に意識が向いてしまい、単語の置き換え作業になってしまうきらいがあります。

しかし、マーケティング文書に求められるのは「売り込み」です。ひとつひとつの言葉には、選ばれたわけがかならずあります。製品・サービス・会社を売り込むために、何らかの狙いがあって書き手はその言葉を選んでいるのです。

その目的が果たせるのならば、何もその言葉じゃなくても構わない。別の言い方でもいいわけです。ですから、重要なのはその言葉自体ではなく、その言葉を選んだ意図、狙い。原文の単語に非常に近い英単語を持ってきても、肝心の目的が果たせないのであれば、マーケティング翻訳としては失格です。

マーケティング翻訳で大事なのは、原文の意味ではなく意図。ただの置き換え作業では、書き手がやろうとしていることがつかめないのです。書き手がどういう意図でその単語を選んだのか、どういう狙いがあってその情報を出したのか。そういう分析を行った上で、英語ではどうすればアピールできるのかを考えなくては。

ただ訳せばいいというのではありません。**原文の書き手に代わって売り込む**。それがマーケティング翻訳です。

以上に注意して、次のパートでは実際にウェブページを訳してみましょう。

コラム7 避けた方がいい口語表現

マーケティング文書は「親しみやすさ」「読みやすさ」が大事なので、堅い書き言葉よりも口語表現が好まれます。

とは言っても何事も限度はあるもので、あまりに口語的な表現だと文章の品位が落ちてしまうこともあります。避けた方がいい表現として有名なのが totally、literally、awesome、basically、actually、honestly、obviously あたりです。

これらの単語は会話での頻度が高すぎるため、文章で使うとちょっとお馬鹿な響きになってしまいます。さすがに企業の外向けの文書にはふさわしくない。フランクすぎるんですね。日本語でも、「この製品はマジでオススメ！」とは書かないですよね。

親しみやすいトーンを心がけつつ、あまりに口語的な表現は避けるようにしましょう。

コラム8 全然ポジティブじゃない positively

positively は positive の副詞なので、「積極的に何かを行う」「ポジティブに（前向きに）何かを行う」という意味かなと思ってしまいます。ですが、実は形容詞とは意味・用法がまったく異なります。

用法をコウビルド米語版英英和辞典で確かめてみましょう。

1 ADV 副詞 [ADV adj-superl] EMPHASIS 強調

You use **positively** to emphasize that you really mean what you are saying.

確かに

This is **positively** the last chance for the industry to establish such a system.

これは確かに業界がそうしたシステムを確立する最後のチャンスだ.

2 ADV 副詞 EMPHASIS 強調

You use **positively** to emphasize that something really is the case, although it may sound surprising or extreme.

決定的に

Mike's changed since he came back – he seems positively cheerful.

マイクは帰ってきてから変わった.彼はすごく陽気に見える.

ごらんのように、どちらの用法も強調表現です。「もう本当に○○なんです」と強調しているか、または「（びっくりだけど）○○なんです」と強調しているわけです。イエスかノーかで言ったらもう断然イエス（またはノー）だ、という言い方なんです。

リトマス試験紙を使うと酸性・アルカリ性で色がぱっと変わって結果がくっきりと出ますよね。そういう風にくっきりと明確に○○だ、というイメージを持っておくと忘れないのではないでしょうか。

実は形容詞でも同じ意味の用法があるのですが、あまりに「前向き」「ポジティブ」「積極的」のイメージが強すぎて陰に隠れてしまっているように思います。それで、positive の副詞なら「前向きに」「ポジティブに」「積極的に」のはず、と思ってしまうのではないでしょうか。

そういう副詞用法は Oxford と Merriam-Webster には載っているのですが、コウビルドには載っていない。載っていないほど、強調表現の用法の方が重要ということなのでしょう。

“The program was positively disastrous.”

この例文で、ポジティブじゃない positively の用法をぜひ覚えてください。

コラム9　しっくりこなかったら品詞を変えてみる

原文：ジェンダー格差の解消に継続的に取り組んでいます。

訳文①：We make efforts **continuously** to create a gender-equal society.

どうもしっくりこない。そういう時には、品詞を変えてみるといいかもしれません。ぎこちなさの原因はこの continuously という副詞なので、形容詞に変えてみましょう。

訳文②：We make **continuous** efforts to create a gender-equal society.

いかがでしょうか。さきほどの「そういう言い方、あんまりしないよね」という違和感は解消されたのでは？

英語では動詞が大事というのは有名な話ですが、形容詞もまた大事です。副詞はそれほど重要な位置を占めていないかもしれない。英英辞典でも副詞は割と扱いが雑です。

どうもしっくりこない、というときには品詞を変えて工夫してみてください。ピッタリはまる言い方が見つかるかもしれません。

コラム⑩ 概念ではなく具体的に

Part II でお話ししたように、日本語では「誰がどうした」という書き方よりも「○○は○○である」という書き方が一般的です。これは「概念で語りがち」ということでもあります。

例えば、Part II で挙げた例をふたたび見てみましょう。

日本語：そうしたことが、効果的な安全対策の策定につながります。

英文①：That **leads to the development of** effective security plans.

英文②：That may **help you develop** effective security plans.

原文をそのまま訳すと英文①のようになりますが、英文②のように「誰がどうした」という形に変えると英文らしくなる、という話でした。(さらに、日本語では主語が明示されていないことも多々あるので、こうして主語を補うときには要注意、という点もお話ししました。)

違う切り口で2通りの訳を見比べてみると、英文①は「安全対策の策定」を原文そのままに "the development of" という概念として訳している一方で、英文②では "you develop ... plans" という風に概念ではなく具体的な書き方をしている、とも言えます。

例えば、以下は日本企業のホームページでよく見られる文章です。

原文：X グループは人材を重視しています。そのため、人材開発に重点を置いて品質向上に努めています。

これをそのまま訳すとどうなるでしょうか？

ダメな訳例：X Group values human resources. Therefore, we are engaged in quality improvement with focus on human resources development.

これだと「人材」を "human resources" と概念で語っているので、実際の社員の顔は見えてきません。「人材」をひとりひとりの人間ではなくモノとして扱っている感じです。次の訳例と比べてみてください。

訳例：People matter to X Group. We focus on training our employees to help them provide better services.

いかがでしょうか？　さきほどの訳例と比べて、これなら「社員が大切にされているな」という印象を受けるのでは？　違いは、「人材」を"human resources"と概念でとらえるか、"our employees"と具体的に訳すか。

また、「品質向上」の部分も日本語では気にならないのですが、そのまま英語にするとぼやけた英文になってしまいます。"quality improvement"のように概念として訳すと、何のことを指しているのか不明です。何のことを言っているのかよく分からない、もやっとする英文になってしまいます。"help them provide better services"と具体的に訳すと分かりやすいですよね。

ただ、やはりこうして情報を補充する際には注意が必要です。この訳では「(社員が提供するサービス) 品質の向上」という風に意味を補っていますが、果たしてこの解釈で正しいのかどうか。製造業だったら製品品質の話になるでしょうし、ほかの解釈も成り立ちます。

このように、英文では概念ではなく具体的な書き方に切り替えましょう。また、その際に、原文では「誰が何する」の部分が明示されていないことが多いので、勝手な意味の補充を行っていないかどうかよくご注意ください。

Part III マーケティング翻訳の実践

❶ 日本人向けの文章を英訳してみよう

問題

さて、それでは実際にウェブページを英訳してみましょう。

今回取り上げる題材は「和菓子」です。課題文としてウェブページ（https://info.mukashin.com/okashi/）の転載をご快諾くださったむか新様（株式会社　向新）は、創業明治 25 年の老舗和菓子屋で、大阪を中心に 20 店舗展開されています。

しっとりとした日本らしい情緒あふれる文章ですが、どうすれば効果的な英語のマーケティング文書にできるでしょうか。

【原文全文】

> ずっと愛されるお菓子を
> つくっていくために。
>
> お菓子は商品化されたらゴール、というわけではありません。**常に現状の品質に目を光らせ、より良い商品に改良していく**。むしろスタートなのです。むか新のお菓子は、代々引き継がれている伝統あるものや、ベーシックながらも新しさを感じられるものなど種類はさまざま。そんなお菓子を、食べていただく瞬間まで「おいしい品質」を保てるよう、日々研究をおこなっています。
> **季節の変動や気温、湿度などあらゆる**条件が日々変わっていくなかで、いつ食べても変わらない味を維持することは、決して簡単なことではありません。何度もチェックをおこない、小さな変化に気付き、修正・改善、そしてまたチェック。どんなに時間や手間がかかったとしても、この繰り返しこそが**「ずっと愛されるお菓子」になるために**必要なことだと思っています。

お菓子の特徴に合わせて
最適な素材を厳選。

みなさんに安心してお菓子を召し上がっていただくために、そしてよりおいしく仕上げるために。むか新では、**素材一つひとつにこだわり、それぞれの特長をより活かせられるものを厳選して**使用しています。
例えば小麦粉ひとつをとっても、商品ごとの食感・味わいがより際立つものを選んでいたり、和菓子に欠かせない小豆や黒糖、季節を彩る果物などは、産地に行き直接農家さんにお話をお伺いすることもあります。
ほんの些細なことなのかもしれませんが、**細部までこだわることで、奥深い、ほんとうに良いお菓子がつくれる**のだと、わたしたちは信じています。

おいしくなるための手間は
惜しまずに。

むか新のお菓子は、すべてを手作業でおこなっているわけではありませんが、機械に頼りすぎてしまうと、どうしても味や品質のムラが出てしまいます。
わたしたちが大切にしている「いつ食べても変わらない味」のためには、**職人の長年の経験や研ぎ澄まされた感覚**が欠かせません。たとえ**同じ手法、同じ分量、同じ材料でつくっていたとしても、同じ仕上がりになるとは限らない。そこが、お菓子づくりの難しいところであり、楽しいところ**でもあります。
気温や湿度によって生地の混ぜ方やオーブンの温度などを変更したり、あえて小ロットの機械を使い品質のムラを防いだり。**お菓子を最高の品質に仕上げるため、そしてみなさまがほっこり笑顔になっていただくため**の努力と手間は惜しみません。」

訳してみよう

翻訳者の方も、そうでない方も、先に読み進める前にぜひここで全文を訳してみてください。日本語がそもそも「分かった気にさせる」性質を持っているので、ただ文章を読むのと、翻訳をするために読むのでは理解度が違ってきます。一通り読んだだけの場合に比べて、原文理解だけでなく、この先本書で説明していくことの理解も深まります。初めての方も、そうでない方も、ぜひまずご自分で英訳してみてください。

その際に、翻訳者の方は下準備、訳出作業、推敲にそれぞれかかった時間を記録しておくといいと思います。スピードアップを図るためにというよりも、ご自分が必要としている時間を把握するために。また、時間の配分が把握できれば、本書の解説を読み終わったときに「この段階にもっと時間をかけるべきかな」とご自分の課題が見えてくると思います。

❷ まず3つの準備をしよう

納得のいく文章はできましたか？　それでは解説に入っていきましょう。

本文の詳しい内容に入る前に、最初に押さえておくべき3つのポイントを取り上げます。

リサーチでイメージを確立する

翻訳においてまず行うことはリサーチです。その道の専門家でないかぎり、そのジャンルで使われる用語や表現、文体の雰囲気をつかむためにリサーチを念入りに行います。製品のイメージ、売り方の方向性をつかむためにも重要な作業です。同じ製品を取り扱う日本企業のウェブサイトと海外企業のウェブサイトを読み漁りましょう。まったく同じような製品がない場合は、equivalent な製品、つまり似通った製品や同じような立ち位置にある製品を参考にします。

和菓子の場合はどうでしょうか。「お菓子」は一般的にアメリカ英語では candy、イギリス英語では sweets と言います。“candy shop” と “sweet shop” で画像を検索してみましょう。また、海外のお菓子メーカーのウェブサイトを探してみると、ずいぶんとイメージが違うことに気づきます。

candy は色とりどりのガムやグミ、キャンディーなどが並び、ポップでカラフル。見るからに楽しそうです。これだと和菓子とはイメージがずいぶんと離れています。

和菓子に少しでも近いものはないでしょうか。和菓子は英語で説明すれば“traditional Japanese sweets”。ここにヒントがあります。和菓子の最大の特長は、**伝統的**なお菓子だという点。伝統菓子ということは、アメリカよりも欧州の方が見つけやすそうです……。

というわけで、今度は sweet shop で画像を検索してみましょう。色合いも落ち着いていて、陳列も上品で、しっとりとした高級感のある伝統菓子。ポップでカラフルな candy よりも、「上品で高級感のある風雅な大人のお菓子」という和菓子のイメージにずっと近いのではないでしょうか。

日本人が持つ和菓子のイメージはそうだとして、海外ではどのようなイメージなのでしょうか。マーズバーやハリボーが一般的なお菓子の文化圏に暮らす人々は、何を求めて和菓子を買うのでしょう。

それは、異文化ではないでしょうか。

日本人にとっては「伝統」を意味する和菓子の「和」のイメージは、海外では「異国の文化」という価値が加わります。ポストコロニアリズムを経た今の時代、安易に使うべきではない言葉だとはいえ、「オリエント」の５文字がどうしてもチラチラします。普通とは違う、異国情緒の漂う東洋の高級菓子。それが、読者にとっての *wagashi* ではないでしょうか。

そうだとすると、訳す上での製品イメージが浮かび上がってきます。日本における和菓子のイメージ、そして作り手が打ち出しているイメージを大切に守りつつ、オリエンタルな風味も少し加える、というのが基本路線でしょうか。

ただ、最後の部分はやりすぎ禁物です。このウェブページからも伝わってくる日本人の美意識や職業倫理は海外（主に西洋）の読者にとってはそのまま訳すだけで充分「異文化」なので、意図的に「深遠で謎めいた東洋文化」の雰囲気を出さなくても大丈夫なのです。

外来語を使うかどうか検討する

その異文化が喜ばれるのであれば、異文化性を前面に打ち出していく手もあります。そのものずばり wagashi と訳すのです。一般的に、外来語を使うのはオススメしません。読者になるべく負荷をかけるべきではないということを考えると、聞き慣れない外国語は使わない方がいいのです。あくまで読み手にその異国文化が求められている場合に、外来語は効果を発揮します。

基本的に外来語はイタリックです。読者にとって耳慣れない言葉はイタリックにする、というのが原則（*The Chicago Manual of Style*, 7.52）。「耳慣れない」かどうかを決めるのは、代表的な辞書に記載があるかどうかです。アメリカ英語なら Merriam-Webster、イギリス英語なら Oxford English Dictionary にエントリーがあれば、すでに英単語になっているのでイタリックにする必要がありません。

また、代表的な辞書に載っていない場合でも、文章内で何度もその外来語が出てくる場合は初出以降イタリックをつけません。「耳慣れない外国語はイタリックにする」ということは、繰り返される外来語は読者にとってすでに「耳慣れた」単語になっているのでイタリックにする必要がないのです。

ちなみに wagashi は Merriam-Webster に載っていないので、初出の際は *wagashi* ですね。リードなど、読者の目にとまるところで“*wagashi*—traditional Japanese sweets”などと目立たせるといいでしょう。そのまま wagashi で押し切るかどうかは、ターゲット層にどれくらいの幅をもたせたいかにかかわってくるため、クライアントの意向が大事なところだと思います。

今回はあくまでマーケティング翻訳の解説のために実在するウェブページを題材として使わせていただいているだけですが、実際の案件ではクライアントの意向を確認し、イメージのすり合わせを最初に行っておくことが重要です。

米国の一般的なお菓子のイメージに従うか。差別化を図って、高級感のある（東洋の）伝統的なお菓子のイメージを確立するか。さらに大胆に、「和物」を前面に打ち出していくか。

今回は真ん中をとって、ポップでカラフルな candy ではなくしっとりと落ち着いた雰囲気の高級伝統 sweets として訳していきましょう。

繰り返す用語は印象を吟味して使い分ける

とはいえ、英語の文章では繰り返しを嫌うので、sweets で一点突破はできません。ほかにぴったりする表現はないでしょうか。sweets の元となる sweetmeats という単語は、古めかしいという点でも、「ごちそう、特別なお菓子」というニュアンスでも、和菓子に合っているように思います。

ただ、絶対に使われないとまでは言わないまでも、辞書にも archaic と記載されている通り古めかしい言葉ではあります。英国人はそれほど違和感ないかもしれませんが、米国人の読者にとっては聞き慣れない、誤解を招く単語かもしれません。できたらほかの単語を使った方がよさそうですね。

高級感、伝統性を出すには、少し難しめの硬い言葉を使う、という手もあります。可算名詞の confections、集合名詞でも可算名詞でも使える confectionery（お菓子作りのことも指します）が今回の題材には合っているようです。また、ここぞというときに treats や delicacies を使ってごちそう感、特別感を出すのも効果的です。

それではお菓子の作り手のことは何と呼べばいいでしょうか。アメリカ英語の candy を使うのなら candy maker と言えますが、今回は candy はなし。ここでは sweet maker ですね。あとは堅めの表現で confectionery や confectioner あたりが良さそうです。

❸ 第１段落のポイントを押さえよう

それでは、内容に入っていきましょう。

【第１段落】

> ずっと愛されるお菓子を
> つくっていくために。
>
> お菓子は商品化されたらゴール、というわけではありません。**常に現状の品質に目を光らせ、より良い商品に改良していく**。むしろスタートなのです。
> むか新のお菓子は、代々引き継がれている伝統あるものや、ベーシックながらも新しさを感じられるものなど種類はさまざま。そんなお菓子を、食べていただく瞬間まで「おいしい品質」を保てるよう、日々研究をおこなっています。
> **季節の変動や気温、湿度などあらゆる**条件が日々変わっていくなかで、いつ食べても変わらない味を維持することは、決して簡単なことではありません。何度もチェックをおこない、小さな変化に気付き、修正・改善、そしてまたチェック。どんなに時間や手間がかかったとしても、この繰り返しこそが**「ずっと愛されるお菓子」になるために**必要なことだと思っています。

第１段落は、たまたまこのページにたどりついた人が離脱せずに読んでくれるかどうかを決める大事な段落です。いろんな工夫が凝らされている段落ですので、安易にそのまま訳してしまってはいけません。ここでのポイントは以下の通りです。

- **見出しの訳し方や、書き出しの視点。**
- **「商品化」、「現状の品質」、「条件」などの熟語に引きずられない。**
- **「代々引き継がれている伝統あるもの」、「ベーシックながらも新しさを感じられるもの」をすっきりと読みやすく、ぱっと意味が伝わる英文に訳す。**

・「食べていただく瞬間まで」をどうやったら英語で訴求できるか。

・「おいしい品質」など、カギ括弧つきの強調表現をどう処理するか。

・「チェックをおこない……そしてまたチェック」というくだりのアピールを汲み取る。

・締めのメッセージは最大のアピールポイント。

見出しで読者の興味を引く

見出しは、**このページが読んでもらえるかどうかを決める大事な部分**です。そのために原文は工夫して作られています。それをそのまま英語にすると、英文として不自然で効果的ではない見出しになってしまいます。5通りの訳文を見てみましょう。

原文：ずっと愛されるお菓子を
つくっていくために。

訳文① Making forever-loved confectioneries

訳文② Making confections well loved throughout generations

訳文③ The secrets behind our long-selling confections

訳文④ We make your all-time favorite
confections: Here's how

訳文⑤ Mukashin makes Japanese sweets
that transcend time

まず、「ずっと愛される」が厄介ですね。例えば“forever-loved”のようにそのまま訳すと、英文としては不自然です。“confections well loved throughout generations”の方がまだいくぶんか自然ですが、見出しとして効果的でしょうか。

意味的にはlong-sellerということなので、訳文③は英語としても見出しとしても自然です。ただ、「ずっと愛される」という気持ちのこもった表現に比べると、“long-selling confections”はいささか無機的に感じます。

訳文④は“all-time favorite”という常套句を使って「昔ながらの定番お菓子、人気のお菓子」をうまく言い表していて、さらに“your”を使って読者に直接語りかけている点が優れています。マーケティングでは語り口調を忘れずに。いつでも「あなた」の話にすることを意識しましょう。

訳文⑤はまったく違う切り口で、「和菓子」だという訴求ポイントを最初に打ち出し（“Japanese sweets”）、東洋的な味つけをしています（“that transcend time”）。何の製品についてのページなのか、トピックは何なのかを冒頭で提示するべきだからです。また、社名を出しているのもポイントです。「誰のどういう製品についての話なのか」を最初に提示しているわけです。

興味を失わせない本文の出だしにする

原文：お菓子は商品化されたらゴール、というわけではありません。常に現状の品質に目を光らせ、より良い商品に改良していく。むしろスタートなのです。

見出しで興味を引いたら、確実に読み進めてもらうための大事なパートが第１段落です。せっかく「何だろう？」と読む気になってくれた読者が、本文に入ったとたんに興味を失ってしまっては大惨事。冒頭部分である第１段落、特に書き出しはとても大事です。ただ右から左に訳してしまっては絶対にダメ。書き手が**どういう意図で何をやっているのか**を分析した上で、読み物としての面白さを意識して訳しましょう。そのためにここでは「熟語の訳し方」と「視点」に注目します。

訳文① -1：Our goal of confectionery making is not bringing them to market. We continue to improve our products by always keeping our eye on the quality. It is rather the beginning of commercialization.

訳文② -1：Product launch is not the goal for confectionery makers. It is, rather, the start of endless inspection of and improvement on the current quality of our products.

訳文③ -1：Mukashin's confectionery making never reaches a goal; even after launching new products, we continue to keep an eye on their quality and upgrade them.

訳文④ -1：Our work is not done when we unveil our latest sweets to you; it is only the beginning, rather than the goal, of our product development. This is because Mukashin always makes sure everything is absolutely right with our confections, constantly making improvement.

上に挙げた４通りの訳文では、それぞれ異なるやり方で「つかみ」にチャレンジしています。しかし「商品化」や「現状の品質」、「目を光らせ」という原文の表現にとらわれてしまっているところもあります。

原文の単語をそのまま訳してしまうと、うまくいけばラッキーというぐらいで、たいていぎこちない英語表現になってしまいます。ひどい時には英文として成り立たないことも。原文の単語にとらわれずに、よく意味をとって自然な英語表現はないか探しましょう。

●「熟語」を「熟語」で訳さない

「商品化」と言われると、つい commodification や merchandising、commercialization などと訳したくなりますよね。「商品化」の訳語として辞書に出てきますから。しかし英訳する際に、原文の単語を和英辞典で引いて見つけた英単語をそのまま訳文で使うのは危険すぎます。失敗のもとです。

よく見かけるのが、辞書から引っぱってきた単語をムリヤリ訳文に当てはめるパターンです。逐語的に訳すと、ここでは “As for sweets, commercialization of products is not the goal." という具合。単語をひとつひとつ置き換えたようなものなので、不自然な英文になる危険性が非常に高いやり方です。

たとえ一応自然な英文になっていたとしても、熟語を熟語として訳すのは危険です。例えば "Commodification is not the goal for confectioners." などと訳した場合、あさっての方向を向いた訳文になってしまいます。

というのも、commodification は単純に「商品化」という意味ではないからです。例えば Webster's New World College Dictionary, 4th Edition（アメリカ英語）では、commodify は以下のように説明されています。

> to treat as or make into a mere commodity to be bought and sold or to be used in selling something else
> *an automobile ad campaign that commodifies the American dream*

この説明から、「（商品として扱うべきではないものを）商品扱いする」という意味だということが分かります。Collins English Dictionary（イギリス英語）でも "to treat (something) inappropriately as if it can be acquired or marketed like other commodities" と定義され、"*you can't commodify art*" という例文が挙げられています。

ですから、さきほどの訳文だと「（売り買いの対象にするべきではないものを）商品化するのはお菓子の作り手が目指すところではありません」と言っていることになるわけです。これでは何のアピールだか、話がまったく違います。

「商品化」などといったピンポイントの定義だけでは、その言葉を知ることはできません。どういう文脈でどういう風に使われる言葉なのかを知らなければ、その言葉を理解していることにはなりません。用例、用法が大事なのです。

● 定義ではなく「用法」を辞書で確認する

ですから、翻訳するなら当然使うべきは和英辞典ではなく、英和辞典ですらなく、英英辞典です。和英辞典は例文や説明が少ない印象を受けます。また、和英も英和も、「commodification ＝商品化」のように熟語を使って簡潔に定義されていることが多い。それに比べて、英英は別の単語で定義して終わりではなく、さきほどの例のようにわりと丁寧に意味を説明しています。例文もほぼ必ず載っているのではないでしょうか。

和英や英和では定義のみで例文が載っていないこともあります。翻訳者に好まれる英和辞典としてランダムハウス英和大辞典が挙げられるのも、例文が豊富で説明が丁寧だからではないでしょうか。大切なのは収録語数ではなく、どれくらい丁寧に用法が説明されているかだと思います。

どの辞典を使うにしても、見るべきところは定義よりも例文です。それなのに、「原文に『商品化』と出てきた→英語でなんて言うだろ→辞書引いたら“commodification”だった→訳文は“Commodification is not the goal for confectioners.”で決まり」という風に、「辞書に載ってた単語をそのまま訳に使った」というパターンが多い。「和英辞典だのみ」というのは、ネイティブではない人による英訳が不自然なものになってしまう最大の原因ではないでしょうか。

● 意図が分かれば単語から解放される

それではどうすればいいのでしょう。熟語に飛びつくのではなく、書き手が何を言っているのか、意味を考えるのです。ここでふたたび原文を見てみましょう。

原文： お菓子は商品化されたらゴール、というわけではありません。**常に現状の品質に目を光らせ、より良い商品に改良していく**。むしろスタートなのです。

ここで書き手は何をやろうとしているのでしょうか。普通、新製品として世に出されたらそれは完成品です。研究開発でありとあらゆることを検討して、試行錯誤を繰り返して、原材料や配合、製造工程などがすべてガッチリ固まったから商品化されたわけです。だからそこがゴールでなければおかしいのに、むしろスタートだという。

ここで書き手が何をしているかと言えば、世間一般の常識をくつがえすようなことを言って読み手の興味を引いているのです。そして、この段落のテーマである「徹底した品質へのこだわり」というアピールポイントに話を持っていく。スムーズな流れです。この考え抜かれた書き出しも、翻訳者が意図を理解せずにただそのまま訳してしまっては台無しになってしまいます。

書き手がやろうとしていることが分かれば、「商品化」という単語に惑わされることもありません。この表現を使わなければ同じことができないわけじゃない。「私たちの仕事は、新製品を世に送り出したらそれで終わりではありません」でも、「菓子職人にとって、新製品の完成は製品が店頭に並んだ瞬間ではありません」でもいいのです。いくらでも違う言い方があります。

マーケティング文書は文学作品ではありません。小説でも、ましてや詩でもないので、「絶対にこの1語じゃないと言い表せない」ということはまずないと言えます。よほどクライアントの思い入れのある単語でないかぎり。

大事なのは「商品化」という単語ではありません。ここで**言っていること**（意味）は「新製品売りだし」であり、もっと大事な**言いたいこと**（意図）は「新製品を世に送り出してからも常に改良を続けているくらい品質にこだわっています」なのです。

意味と意図が分かれば、原文の文字面に振り回されることもありません。例えば、「新製品発売」であれば訳文②と③で使っている“product launch”や“new product release”などの定番表現があります。

お菓子の話であることを考えると少し違和感もありますが、ビジネスの切り口で硬い書き方にする、という手はあります。お客様である消費者に向けた文章でビジネスライクな書き方は意外に思われるかもしれませんが、読み手とこちら側の裏事情を共有することで「同じ側にいる」という仲間意識と信頼感を醸成するテクニックです。

ただ、あまり美味しそうには聞こえないのが難点ですが。お菓子の話なので、何より読者が思わず食べたくなるような文章にすることが大事です。ビジネス本的な書き方は必要最低限にとどめましょう。

というわけで、訳文①でcommercializationとそのまま訳したせいでおかしくなっているところを変えてみましょう。それから文の順番にも少し手を入れてみます。

訳文① -1：Our goal of confectionery making is not bringing them to market. We continue to improve our products by always keeping our eye on the quality. **It is rather the beginning of commercialization**.

⬇

訳文① -2：Our goal of confectionery making is not bringing them to market; **that is only the starting line for us as** we continue to improve our products by always keeping our eye on the quality.

もとは“the beginning of”でしたが、goalという表現にそろえて“starting line”にしてあります。こうすると、continueがこの比喩的な表現にそぐわないのが少し気になります。また、“keep an eye on”というのも「見守る、世話をする」という感じなので、いまいちしっくりきません。

⬇

訳文① -3：Our goal of confectionery making is not bringing them to market; that is only the starting line for us as we **embark on the continuous process of quality check and improvement**.

これでいかがでしょうか？　さっきよりも製品開発という文脈に沿った表現になったのではないでしょうか？

● 余計な引っかかりを作らない

「熟語」をそのまま訳さないという点に関してはもうひとつ、「現状の品質」にも同じことが言えます。ここで和英辞典を使う人はあまりいないとは思いますが、これもまた「熟語を何も考えずにそのまま訳してしまう」典型的な例です。“current quality”などと思わず訳したくなります。

しかし、例えば以下のような英文はどうでしょうか。

Constantly checking the current quality of our products, we ceaselessly continue to make them better and even tastier sweets.

この文脈で品質をチェックすると言ったら、過去でも未来でもなく現時点での品質を指すのが一般的ですよね。そのため、ここまでふんふんと読んでいた読者は「なんでわざわざ current って言っているんだろう？」と言わずもがなの“current”に引っかかってしまいます。これが“current status”だったら常套句なので誰も気にしないところですが。

引っかかりは、こちらが意図的に作ったもの以外はない方がいい。マーケティング文書は、読み手側に何の負荷もなくスラスラ読めてすっと頭に入ってきて、気がついたら心をつかまれている、というのが理想です。

そういう文章を作るためには、原文の単語にぱっと飛びついてあまり考えずにそのまま訳すのは禁物です。訳す前にまずは原文を分析して、表現の意味と書き手の意図をつかむようにしましょう。何といってもマーケティング文書は練られた文章ですから。一言一句に狙いがあると思った方がいいのです。

訳文②でも現状が“current quality”と訳されていたので、current を外してしまいましょう。また、前置詞が違う“inspection of”と“improvement on”をすっきりとまとめたいところです。それから、格調高く書かれているのですが、rather のくだりがプチプチ切れて少し読みにくいのでそこにも手を入れてみます。

訳文② -1：Product launch is not the goal for confectionery makers. **It is, rather**, the start of endless **inspection of and improvement on the current quality of our products**.

⬇

訳文② -2：Product launch is not the goal for confectionery makers**; rather**, **it is** the start of endless **process of quality inspection and product enhancement**.

これでかなり簡潔にまとめられました。ただこれだとあまりお菓子の話という感じではないのが難点です。さらに、ほかにも気になる点があります。視点の問題です。

●「視点」の違いに気づく

原文はここのくだりが一般論として書かれています。ですので、この訳文②も一般論として訳されているのです。

訳文② -2：Product launch is not the goal for confectionery makers; rather, it is the start of endless process of quality inspection and product enhancement.

しかし、ここは本当に一般論でいいのでしょうか？

一般論には、「(読者には関係のない) 事実の説明」と受け取られてしまう危険性があります。Part II で日本語と英語の性質の違いについてお話ししましたが、事実を説明する書き方が好きな日本人と違い、「誰がどうした」という具体的な書き方が好きな英語話者にとって、事実の説明は余計につまらなく感じられるかもしれません。読み手の心をつかみたい冒頭で、そのような危険は冒したくないですよね。

それに、ここは本当に一般論なのでしょうか？　一見、お菓子の作り手全般の話に聞こえますが、アピールしたいのはあくまでむか新のお菓子作りにかける情熱、品質へのこだわりです。「お菓子屋さんはみんなどこもそう」と言いたいわけではなく、「うちはこんなにすごいことをやっています」というアピールでなければ宣伝効果はないはず。謙譲が美徳の日本文化においてそうあからさまにアピールするわけにはいかないので、慎ましく一般論にしているわけです。

ですが英語では「あからさまにアピールしたら反感を買うかもしれない」という心配はいりません。むしろ、自信のあることは思いっきりアピールする文化の人を相手に、遠慮してアピールしない方が問題です。日本人にとっては傲慢、尊大に聞こえるくらいで実はちょうどいいくらいだったりします。

というわけで、ここはストレートに「うちのすごさ」の話にしてみましょう。さきほどの訳文①がまさにそういう書き方でした。

訳文① -3：**Our goal of confectionery making** is not bringing them to market; that is only the starting line **for us** as we embark on the continuous process of quality check and improvement.

この書き方では、新製品を発表して終わりではないのは「お菓子屋さんだから」ではなく､「うちだから」というわけです。訳文③と④も同じく「うちだからこそ」のアプローチ。

訳文③ -1：**Mukashin's confectionery making** never reaches a goal; even after launching new products, **we** continue to keep an eye on their quality and upgrade them.

訳文④ -1：**Our work** is not done when we unveil our latest sweets to you; it is only the beginning, rather than the goal, of **our** product development. **This is because Mukashin** always makes sure everything is absolutely right with our confections, constantly making improvement.

この３例は一般論にしないで最初からアピールしているのがいいですね。特に、「社名は隙あらば出せ」というくらいなので（あまり頻繁だとかえって逆効果ですが）、書き出しに社名を持ってくるのはいい考えです。もちろん、見出しとの兼ね合いもあります。

● 文脈に合った表現を選ぶ

さきほど、お菓子の話は美味しそうに聞こえるべき、という点に触れましたが、どうでしょうか。訳文②の “product enhancement” や訳文③の “upgrade them” は、お菓子の話というよりも IT システムの話のように聞こえます。訳文④の “making improvement はどの分野の製品でも使えますが、improve するということはお店に出している商品に改善の余地がある、という風にもとれます。そのためマーケティング文書では improve を避けて enhance（さらに良くする）がよく使われます。ただ、“product enhancement” など、ちょっと IT 色が強すぎる気も……。お菓子の話、美味しそうに、ということを意識して、“making our sweets even tastier”

などではいかがでしょうか。

訳文④ -1：Our work is not done when we unveil our latest sweets to you; it is only the beginning, rather than the goal, of our product development. This is because Mukashin always makes sure everything is absolutely right with our confections, constantly making **improvement**.

⬇

訳文④ -2：Our work is not done when we unveil our latest sweets to you; it is only the beginning, rather than the goal, of our product development. This is because Mukashin always makes sure everything is absolutely right with our confections, constantly making **them even tastier**.

こうすればシステム開発の話ではなく、ちゃんとお菓子の話に聞こえます。お菓子を売っているのなら、やはり美味しそうに聞こえなくては問題です。マーケティング文書は読み手がどこまで読んでくれるか分からないので、できればありとあらゆる１文が美味しそうに聞こえるのが理想です。最後まで読んだら思わずポチっと購入していた、というぐらいに。

表現力が問われる難所に取り組む

書き出しで良いスタートは切れたでしょうか？　先に進むと、次に待ち受けているのはなかなか表現力が問われるくだりです。

原文：むか新のお菓子は、代々引き継がれている伝統あるものや、ベーシックながらも新しさを感じられるものなど種類はさまざま。そんなお菓子を、食べていただく瞬間まで「おいしい品質」を保てるよう、日々研究をおこなっています。

ここでのポイントは以下の３点です。

・「代々引き継がれている伝統あるもの」、「ベーシックながらも新

しさを感じられるもの」をすっきりと読みやすく、ぱっと意味が伝わる英文に訳す。

・「食べていただく瞬間まで」をどうやったら英語で訴求できるか。

・「おいしい品質」など、カギ括弧つきの強調表現をどう処理するか。

対になる長い節をすっきりと訳す

まず前半。「代々引き継がれている伝統あるものや、ベーシックながらも新しさを感じられるもの」という長い２節は対になっています。ここはどうにか意味は落とさずに、かつすっきり読めるようにしたいところです。

訳文① -1：Mukashin's confections vary from traditional ones handed down for generations to ones that are simple but have a sense of novelty.

訳文② -1：We, Mukashin, provide various sweets, such as traditional ones or basic but new ones.

訳文③ -1：Mukashin has a diverse range of products, from traditional Japanese sweets that have been people's favorite for generations to old-time but surprisingly new treats.

訳文①は問題点が２つあります。２つの節がすっきりまとめられていない点と、節①がお菓子の話に聞こえない点です。

さきほど見たとおり、原文の表現にぱっと飛びつくのは禁物です。「引き継がれている」とあるからといってすぐ“pass down”、“hand down”などと訳さないようにしましょう。先祖代々受け継がれてきた家宝の話ではなく、昔から愛されてきた和菓子の話なのですから。「何の話をしているのか」を忘れることなく常に自問していれば、話題にそぐわない表現を無理矢理あてはめてしまうことはなくなります。

訳文① -1：Mukashin's confections vary from traditional **ones handed**

down for generations to **ones that are** simple but **have a sense of novelty**.

⬇

訳文① -2：Mukashin's confections vary from traditional **sweets loved** for generations to simple but **interestingly new treats.**

２つの節をすっきりとまとめてみました。こうやって柔らかい表現に変えれば、１つ目の節もお菓子の話に聞こえます（何しろ sweets と言っていますし）。

● カタカナ語はそのまま訳さない

訳文② -1：We, Mukashin, provide various sweets, such as traditional ones or basic but new ones.

その点、訳文②は文脈に合っていて、しかもすっきりとまとめられています（「代々引き継がれている」という表現をそっくり落としていますが）。ただ、「何々から何々まで」という言い方であれば、“such as A and B”（代表例を挙げる表現）よりも“from A to B”（バリエーションの幅を表す表現）の方が適しています。

また、「ベーシック」というカタカナ語をそのまま英語にしている点も少し気になります。この形容詞が使われる場合、文脈によって「（必要最低限の）基本的な」「シンプルな、素朴な、飾りのない」「一般的な、代表的な、押さえておかないといけない、スタンダードの」「基礎的な（難易度が低い、初歩的な）」などと意味が異なります。

どの場合でも basic とは訳せますが、訳語としてその文脈に最適でしょうか？　ベーシックも basic も意味が豊富なだけに、その文脈で書き手が伝えたい意味をじっくりと考えて、読み手にぱっと意味が伝わる訳語を選ぶ必要があります。

この場合は「（必要最低限の）基本的な」や「基礎的な（難易度が低い、初歩的な）」ではなく、「シンプルな、素朴な、飾りのない」、あるいは「一般的な、代表的な、押さえておかないといけない、スタンダードの」という意味だと思われます。「定番お菓子だけれども新しさがある」ということですよね。

それでは、英語でどう言えるでしょうか？ simple、standard、regular、old-time、old-fashioned、old-school などが思い浮かびます。後半３つの単語は「昔ながらの」という意味合いなので、この文脈では「ベーシック」の訳語として使えます。

訳文② -1：We, Mukashin, provide various **sweets**, **such as** traditional **ones or basic but new ones**.

⬇

訳文② -2：We, Mukashin, provide various **products from** traditional **sweets to old-time favorites with twists**.

英語は繰り返しを嫌うとはいえ、この柔らかい文章では言い換えの“ones”は堅苦しく感じられるので避けたいところです。ここでは最初のお菓子をビジネス的に products に変え、後半出てくるお菓子をそれぞれ sweets と favorites にしました。ビジネス調が気になる方は、products を confections に変えるのではいかがでしょうか。

● 何と何が対比されているのかを考える

それでは、対になる長い節をすっきり訳すにはどうすればいいでしょうか。まずは、前半部分との対比を考えるとぴったりの表現が見えてくると思います。

どちらも和菓子の話ですから、伝統的なお菓子であることに変わりはありません。しかし前半部分では「代々引き継がれている」と「伝統」がかなり強調されていて、高尚な感じです。それに比べると後半部分は使われている表現自体が「ベーシックながら」と現代的で、新しさを感じさせます。モダンな和菓子、という感じでしょうか。

訳文③はこの対比がよく出ていますが、もう少し短めにキャッチーにまとめたいところです。例えば、このように簡潔にまとめればより読みやすくなります。

訳文③ -1：Mukashin has a diverse range of products, from traditional Japanese sweets **that have been people's favorite for generations** to **old-time but surprisingly new treats**.

⬇

訳文③ -2：Mukashin has a diverse range of products, from **authentic** traditional Japanese sweets to **old-school favorites with twists**.

「代々引き継がれている」のニュアンスを出そうとしてもたついてしまっているところも、「由緒正しい和菓子」というイメージはauthenticの1語で言い表せます。

具体的にイメージできるように書く

次の文では、**美味しそうに聞こえる**ような工夫がキモです。

原文：そんなお菓子を、食べていただく瞬間まで「おいしい品質」を保てるよう、日々研究をおこなっています。

訳文① -1：We are working every day to keep the “high quality of taste” until just before customers eat such confections.

訳文② -1：We are daily investigating how we can keep the deliciousness of those confectioneries until the moment when they are in your mouth.

訳文③ -1：We explore new possibilities every day to keep the products' palate-pleasing quality until the very moment you taste them.

> 訳文④ -1：All our sweets are deliciously fresh up to the very moment you take them into your mouth; that is because we never stop searching for the best solution to maintain the highest quality.

どうでしょうか？　読んでいる人が思わずこの和菓子を食べたくなるような、美味しそうな宣伝文になっているでしょうか？

● 強調のカギ括弧は基本的に外す

表現の問題に入る前に、カギ括弧の処理について。

日本語のカギ括弧（「」）と英語の引用符（“”）では使い方が違います。日本語の文章では書き手が思い入れのある表現や、特別な言い回しなど、際立たせたいところにカギ括弧を使います。強調のカギ括弧です。

英語の引用符は、少なくともアメリカ英語では、強調のために使いません。引用符はあくまで引用のためであって、数語だったら引用せずに言い換えます。というのも、数語を引用符でくくるのは「皮肉の引用符（scare quotes）」という用法だからです。これは書き手がその引用符でくくられた言葉と距離を置くために使います。

> 訳文① -1：We are working every day to keep the “high quality of taste” until just before customers eat such confections.

例えば、訳文①で出てきた the “high quality of taste” という表現は、「味の高い品質」という言葉と距離を置いた言い方になります。書き手の距離感しだいで、「いわゆる高品質の味」という「世間で言われるところの」程度のわりとニュートラルな意味合いから、「高品質の味と謳ってるけどちゃんちゃらおかしい」という強い皮肉を意味する場合まで、ニュアンスに幅があります。

ですから、英訳の際には基本的にこういうカギ括弧は外しましょう。書き手が強調したい箇所ではあるので、記号は使わなくてもその意を汲んだ訳にすればいいわけです。

> 訳文① -1：We are working every day to keep the **“high quality of taste”**

until just before customers eat such confections.

⬇

訳文① -2：We are working every day to keep the **high-quality deliciousness** until just before customers eat such confections.

ここではニュートラルな表現である taste を deliciousness に変えてさらにアピールしています。原文の「おいしい品質」と同じやり方です。ただ高品質と言うだけではなく、おいしいんですよ、とダメ押ししているわけです。

●「～しています」を自動的に進行形に訳さない

まずは文型ですが、ここは進行形でしょうか？　翻訳学校で英訳を教えていると気になるのが、こういう場合に進行形を使われる方が多い点です。「日々研究をおこなっています」を進行形で訳すと、ちょっと不自然になりませんか？

We are conducting research every day.

進行形は「今、現在」何かをやっているという一時性を強調した言い方なので、「毎日やっている」という部分とかみ合わないのです。「毎日やっている」という日常性、常態を言い表すなら実は進行形ではなく現在形。

We conduct research every day.
We are daily engaged in research.

日本語は事実を説明する文（「何々は何々である」）が多いので、行為の場合も恒常性のある文が多くなります。つまり一過性、一時性の進行形よりも、状況、状態、常態を表す現在形の方がしっくりするのです。

訳文① -3：We **work** every day to keep the high-quality deliciousness until just before customers eat such confections.

訳文② -2：We daily **investigate** how we can keep the deliciousness of those confectioneries until the moment when they are in your mouth.

さきほどの訳文で進行形を使っていた訳文①と訳文②を現在形に変えてみました。これで、研究をおこなっているのが一時的な話ではなくなりました。

●「重さ」で動詞を選ぶ

しかしこれだと、訳文①は動詞が少し弱く、訳文②は逆に動詞が少し重々しい。別の動詞に変えてみましょう。

訳文① -4：We **devote all our efforts,** every day, to keep**ing** the high-quality deliciousness until just before customers eat such confections.

訳文② -3：We daily **explore** how we can keep the deliciousness of those confectioneries until the moment when they are in your mouth.

これなら、どちらの動詞も言っていることの重さに釣り合っています。

●「あなた」の話ですよ、と語りかける

訳文①で“until just before customers eat such confections”とありますが、ここでcustomersと一般論にしてしまうのは得策ではありません。何か意図があって一般論を使うなら話は別ですが、マーケティング文書では一般論はできるだけ避けたい。自分に関係のない、つまらない話だと思われてしまう危険性があるからです。自覚しているにしろいないにしろ、何か欲求があって宣伝文を読んでいるのに、自分に関係のない話では興ざめもいいところ。「こういう悩み、欲求があるあなた、その問題はこの製品が解決してくれます」というのが耳を貸してもらえるメッセージです。

「あなた」に直接語りかける言い方に変えてみましょう。

訳文① -4：We devote all our efforts, every day, to keeping the high-quality deliciousness until just before **customers** eat such confections.

⬇

訳文① -5：We devote all our efforts, every day, to keeping the high-quality deliciousness until just before **you** eat such confections.

また、「うちの美味しいお菓子」の話にすればアピールできるところなのに、“such confections”と客観的に書いてしまってはアピールできません。これも一般論の書き方ですね。一般論は客観性のある書き方なので、特定の製品をアピールするのには向いていないのです。

訳文① -6：We devote all our efforts, every day, to keeping the high-quality deliciousness until just before you eat **our** confections.

これで「あなた」にうちのお菓子を食べてもらう話になりました。

● 具体的に想像させる

そして、動詞が eat なのももったいない。味気ないニュートラルな単語よりも、“until the very moment you put them into your mouth”、“until the very moment you bite into these blissful treats”などと、読み手にその瞬間を想像させるような書き方の方が効果的です。お菓子を食べる瞬間を何度も想像したら、食べたくなるのが人情というものです。「想像させる」というのはとても大事なポイントです。実際に自分がお菓子を食べているところをつい思い浮かべてしまうような書き方にして、「素通りさせない」ように心がけましょう。

訳文① -6：We devote all our efforts, every day, to keeping the high-quality deliciousness until **just before** you eat our confections.

⬇

訳文① -7：We devote all our efforts, every day, to keeping the high-quality deliciousness until **the very moment** you **bite into** our confections.

訳文②～④も「お菓子を口に入れる瞬間」を想像させる書き方をしています。

訳文② -3：We daily explore how we can keep the deliciousness of those confectioneries until the moment when **they are in your mouth**.

訳文③ -1：We explore new possibilities every day to keep the products' palate-pleasing quality **until the very moment you taste them**.

訳文④ -1：All our sweets are **deliciously fresh** up to **the very moment you take them into your mouth**; that is because we never stop searching for the best solution to maintain the highest quality.

訳文②は "when they are in your mouth" と具体的に話しているのがいいですね。お菓子を食べているところを思わず想像してしまいます。

訳文③は「おいしい」というのにただ delicious、tasty を使うのではなく、palate-pleasing と工夫している点がグッドです。「研究をおこなっています」という、"conduct research" などの灰色な訳になりがちのところを "explore new possibilities" と魅力的に訳しているところもいいですね。

さらには、相手に想像させる evocative な形容詞を日頃から探しておくことをお勧めします。例えば、お肉系だったら succulent、tender、フルーツ系だったら lush、juicy、チョコレート系だったら sumptuous、luscious など、読んでいて口に唾がたまるような形容詞をたくさん見つけておきましょう。

あとは美味しいもの全般に使えるheavenly、blissful、exquisite、luxurious、divine、rich、scrumptious、delightful、delectable、mouth-watering、magnificentあたりも、ニュアンスとともに押さえておきましょう。

甘い物系はsinfulという攻め方もあります。これは副詞にしてほかの形容詞と合わせて“sinfully sweet hot chocolate”、“sinfully delightful cinnamon rolls”のように使います。美味しいものはなぜこんなに罪深いのでしょうか……。

原文で「おいしい品質」と強調されているくだりで、訳文④では括弧を外しても強調するためにこの形容詞＋副詞の2段構え（“deliciously fresh”）を使っています。これをもっと美味しそうなdivinely freshに変えてみました。

訳文④-2：All our sweets are **divinely** fresh up to the very moment you take them into your mouth; that is because we never stop searching for the best solution to maintain the highest quality.

一般論は読者に素通りされてしまいますが、「あなたの話」だと語りかければ立ち止まってもらえます。右から左に抜けいってしまうような退屈な説明文ではなく、「あなたのことですよ」と語りかけて、自分がお菓子を食べるところを**具体的に想像させる**ような書き方で読者の心をつかみましょう。

原文に飛びつかずに「何を言っているのか」を考える

次の文では、また原文に飛びついてはいけない単語が出てくるのですが、これがそのまま訳しても一応何とかなるという奇跡的な（？）ケースです。それから、「いつ食べても変わらない味」という訴求ポイントがちゃんとアピールできているかどうか、見ていきましょう。

原文：季節の変動や気温、湿度などあらゆる条件が日々変わっていくなかで、いつ食べても変わらない味を維持することは、決して簡単なことではありません。

訳文① -1：It is far from easy for us to maintain our always-the-same tastes under seasonal changes and all kinds of ever-changing conditions, including temperature and humidity.

訳文② -1：With all the conditions, including seasons, temperature, and humidity changing every day, it is never easy to keep confections unchanged.

訳文③ -1：It is never easy to always keep their deliciousness against every daily change in temperature, humidity, and other conditions, including seasonal variations.

訳文④ -1：This is no easy feat to deliver the same mouth-watering tastiness on any given day, as we can have different temperatures, humidity and seasonal factors every day.

●「条件」はくせ者なので用心する

訳文④以外はどれも「条件」を conditions と訳しています。"terms and conditions" の condition は条件という意味ですが、実はこの３通りの訳文では違う意味に読み取れます。条件というより、むしろ「状態」「状況」という意味に聞こえるのです。もしもし電話のようですが、この３通りの英訳を和訳したら「毎日状況が違うので」などと原文とは違う表現になりそうです。しかし、言いたいことは結局同じなので、これはこれでいいのではと思います。

これはそのまま訳しても結果オーライな珍しいケースですが、とはいえ果たして condition がベストチョイスと言えるでしょうか？ 「気温、湿度、季節の変動」と並列して挙げられている項目の性質を考えると、訳文④で使っている factor の方がここではピッタリではないでしょうか？ これもそのまま和訳すると「要素」で原文とは違う言い方になりますが。

常に内容を考えることが大事です。何の話なのか。何について言っているのか。何が言いたいのか。そう考える癖をつければ、「条件」と来たからconditionという風に条件反射的に訳すことはなくなるはずです。

もちろん、文字面に引きずられたわけではなく、中身を考えた上で「そのまま訳した言葉」が最適な訳語だった、ということも稀にあるとは思います。その場合は当然直訳が最適解です（「直訳」が悪いという意味ではありません。非難の言葉として使われがちな「直訳」「意訳」については「コラム2『直訳』は悪か？」でお話ししています）。

● ニュアンスの方向性を確認する

次は、「いつ食べても変わらない味」という訴求ポイントがちゃんとアピールできているかどうか。ここはアピールしたいところなので、ニュアンスが大事です。ちゃんとポジティブに訳せているでしょうか？

「変わらない」というのは良いことにも悪いことにも使われますが、「いつでも同じ」と言えばどうでしょう。少しネガティブ寄りになる感じはしませんか？　さらに、「代わり映えのしない」となると明白にネガティブな表現になります。逆に、「裏切ることのない」なら変化のなさを最大限にアピールした言い方です（「裏切ることのないこの美味しさ」）。言い方1つでニュアンスはガラッと変わります。

英語でも同じことです。例①では“always-the-same tastes”、訳文②では“keep confections unchanged”と訳されていますが、それほどポジティブな言い方ではありません。少なくとも、「変わらないこと」があまり魅力的に描かれているとは言えないですよね。

ではどうすればいいか。ダメ押しの名詞をくっつけて、「変わらないこと＝善である」と明言すればいいのです。

訳文③がまさにそのやり方で、“always keep their deliciousness”と訳しています。訳文④では“the same mouth-watering tastiness”とダメ押しの形容詞も追加しています。さらに、動詞もmaintainやkeepなどのニュートラルなものではなくdeliverを使うことでアピール度を高めています。

訳文③ -1：It is never easy to **always keep their deliciousness** against every daily change in temperature, humidity, and other conditions, including seasonal variations.

訳文④ -1：This is no easy feat to **deliver the same mouth-watering tastiness** on any given day, as we can have different temperatures, humidity and seasonal factors every day.

このダメ押しのテクニックは効果大で、さきほどポジティブな表現の例として挙げた「裏切ることのない」もくっつける単語によっては皮肉になり、正反対のニュアンスになります（「期待を裏切らないこのまずさ」）。英語でこれに近いのが unfailing で、“unfailingly good” と言えば誉め言葉になり、“unfailingly bad” なら皮肉な言い方のけなし言葉です。

訳文①にこのテクニックを使えば以下のようになります。さらに「隙あらば社名」のテクニックをここで使うと効果的ですね。

訳文① -1：It is far from easy for us to **maintain our always-the-same tastes** under seasonal changes and all kinds of ever-changing conditions, including temperature and humidity.

⬇

訳文① -2：It is far from easy for us to **deliver the unfailingly good Mukashin taste** under seasonal changes and all kinds of ever-changing conditions, including temperature and humidity.

同様に訳文②も、素っ気なかった「変わらない味」のくだりで最大限にアピールしてみましょう。

訳文② -1：With all the conditions, including seasons, temperature, and humidity changing every day, it is never easy to **keep confections unchanged**.

⬇

訳文② -2：With all the conditions, including seasons, temperature, and humidity changing every day, it is never easy to **protect the true Mukashin deliciousness every single day of the year**.

これで、ニュートラルだった「維持する」のくだりでも、訳し方次第では下手するとネガティブになりかねなかった「いつ食べても変わらない味」のくだりでも、「いつもおいしいむか新の味」だとアピールできました。

練りに練られた原文をつまらない読み物にしない

次の文は、「チェックをおこなう」の訳し方と読ませる書き方がポイントです。原文は文章にリズムとメリハリをつけるために、また「品質にかける姿勢」をアピールするために、読ませる工夫がなされています。その苦労を訳文で台無しにするわけにはいきません。

どうすれば、「こんなに品質にこだわっています」というアピールをすんなりと楽しく読ませて、説得力をもたせられるでしょうか。

原文：何度もチェックをおこない、小さな変化に気付き、修正・改善、そしてまたチェック。

訳文① -1：We repeat checking again and again. When we detect a subtle change, we correct or improve it and then repeat checking.

訳文② -1：We check the quality repeatedly, modify and improve it when noticing small changes, and recheck it.

訳文③ -1：Our expert artisans check the products many times, notice even minor differences, fine-tune and improve the recipe, and check the result for another round of QC check.

訳文④ -1：We carry out quality checks repeatedly, noting small changes, making improvements, and starting the entire process all over again.

●「チェックをおこなう」を checking と訳さない

訳文① -1：We **repeat checking again and again**. When we detect a subtle change, we correct or improve it and then **repeat checking**.

訳文①は目的語（何をチェックするのか）が書かれていないので不自然に聞こえます。“We repeatedly check the quality of our products/our production process”（製品の品質を調べる、製造工程を調べる）など、具体的な書き方の方が自然です。同じく、“and then repeat checking” のくだりも不自然に聞こえるので、“repeat the whole process” など、checking（確認する、確かめる）という概念ではなく**具体的に**書きましょう。

訳文① -2：We **repeatedly check our products' quality**. When we detect a subtle change, we correct or improve it and then repeat **the whole process**.

● アピールポイントはあえてすっきりまとめない

訳文② -1：We check the quality repeatedly, modify and improve it when noticing small changes, **and recheck it**.

訳文②はきれいにまとまっているのですが、そのため最後の部分が尻つぼみになってしまっています。ここは「これほど入念に品質管理している」と強調したいところなので、最後の部分が埋没してしまってはいけません。例えばこのように、文を切って際立たせましょう。

訳文② -2：We check the quality repeatedly, **and** modify and improve it when noticing small changes**. And we do it all over again.**

実はほかの訳文にも同じことが言えるので、同様にほかの訳文もアピールポイントを際立たせてみます。

訳文① -2：We repeatedly check our products' quality. When we detect a subtle change, we correct or improve it **and then repeat the whole process**.

⬇

訳文① -3：We repeatedly check our products' quality. When we detect a subtle change, we correct or improve it**. And then we** repeat the whole process **yet again**.

同様に訳文③もアピールポイントが埋没しているので際立たせます。

訳文③ -1：Our expert artisans check the products many times, notice even minor differences, fine-tune and improve the recipe**, and** check the result for another round of QC check.

⬇

訳文③ -2：Our expert artisans check the products many times, notice even minor differences, fine-tune and improve the recipe**. And they** check the result for **yet** another round of QC check.

一般的に and や but で文を始めるのは文法上避けるべきこととされています。が、マーケティング文書は堅苦しいものではないので、ここぞという場所で強調するためには文頭に and を使っても問題ありません。

訳文④ -1：We carry out quality checks repeatedly, noting small changes, making improvements**, and starting** the entire process all over again.

⬇

訳文④ -2：We carry out quality checks repeatedly, noting small changes and making improvements**. And we start** the entire process all over again.

このようにすれば文章にリズムが生まれ、「読ませる文章」になります。

伝えたいポイントも埋没することなく、読者に印象づけられます。すっきりと簡潔に訳すのは大原則なのですが、**訴求ポイントはすっきりさせてしまってはいけません**。伝えたいメッセージに気づいてもらえず、さっと読めるけれども何も心に残らない、つまらない文章になってしまいます。ときにはしつこく、丁寧にアピールしていきましょう。

原文を分析する癖をつける

次の文は、**論理的思考**と**文型の選択**がポイントです。

原文：どんなに時間や手間がかかったとしても、この繰り返しこそが「ずっと愛されるお菓子」になるために必要なことだと思っています。

訳文①：No matter how much time and effort it takes, we believe that such repetitions are inevitable for making forever-loved confectioneries.

訳文②：This process is indispensable for creating your all-the-time favorite confections, no matter how much time and effort it takes.

訳文③：Time and effort consuming as it is, this arduous and repetitive process is vital to creating Mukashin sweets that remain people's favorite for generations.

「～としても」ときたら“No matter how ～”、“However ～”と訳したくなるのが人情というものです。しかし、ここは本当にその構文がぴったりでしょうか？

● 文の構造を分析する

“No matter how ～”、“However ～”というのは、「たとえ～だとしても」

という譲歩を表す構文です。ここで書き手は譲歩しているのでしょうか？

という本題の前に、たとえ譲歩構文で訳すにしても、「たとえ○○だとしても××である」の後半部分には何があたるのでしょう？

原文：どんなに時間や手間がかかったとしても、この繰り返しこそが「ずっと愛されるお菓子」になるために必要なことだと思っています。

この文をそのまま訳すと、文の軸となる述部（「誰が何した」の「何した」の部分）は「必要なことだと思っています」になります。つまり、軸の部分はこう。

We believe this repetitious process is necessary to make sweets that will be loved for generations.

これに譲歩の節を足すと、例えばこんな感じ。

We believe this repetitious process is necessary to make sweets that will be loved for generations, no matter how much time and effort it takes.

しかし、ここで文全体の構造を見てみましょう。これだと譲歩節は "We believe" にかかっています。つまり、「たとえどんなに時間と労力がかかっても、私たちはこう信じる」ということに。

「どんなに大変でも必要なこと」という意味なので、譲歩は「思っている」という主節の動詞ではなく、その目的語、つまり「思っている」内容にかけたいところ。"we believe"、または no matter の節をコンマでくくって位置を変えて挿入句にするという手もあります。もっと単純な解決策は、軸の部分をとっぱらうことです。

This repetitious process is necessary to make sweets that will be loved for generations, no matter how much time and effort it takes.

軸を外してしまうのは心理的抵抗がある方もいるかもしれません。しかし、譲歩節の問題がなかったとしても、「～と思います」の部分は、"We believe" などと忠実に訳すと英文としては弱くなってしまうので、断言してしまった方がいい。特に “We think” は英語では言わずもがな。わざわざ断りを入れている感じになり、多用すると確信がないような、かなり弱気の文章になってしまいます。

訳文②：This process is indispensable for creating your all-the-time favorite confections, no matter how much time and effort it takes.

訳文②は譲歩節がちゃんと「必要だ」の部分にかかっています。さて、これで本題。ここで書き手は本当に譲歩したいのでしょうか？

ここで伝えたいメッセージは、「うちはこんなに大変なことをやっています、なぜならうちのお菓子作りに必要なことだから」。つまり、「(よそとは違って）そんなに大変なことを大切にしているので、うちのお菓子はずっと愛される美味しいお菓子なんです」ということです。それをストレートに言ってしまっては、日本語の宣伝文としては失格です。ですから、譲歩に包んで謙虚にメッセージを伝えているのです。

Part II でお話ししたように、「謙虚は美徳」は日本の文化。英語ではギアを１つあげて、強気でいきましょう。具体的に言うと、ここでは「どんなに～だとしても」という仮の話ではなく「こんなに～だけど」という事実として書いた方が英文としては自然で効果的です。

訳文③：Time and effort consuming **as it is**, this arduous and repetitive process is vital to creating Mukashin sweets that remain people’s favorite for generations.

日本語と英語では背景にある文化が違うので、アピールの仕方も違います。日本人の感性だと少し押しが強すぎるように思えるくらいで、英語の宣伝文としてはちょうどいいのです。

❹ 第２段落のポイントを押さえよう

さて、次は第２段落です。ここでなかだるみすると、第１段落で引き込まれた読者もすぐにページを閉じてしまいます。最後まで読み進めてもらえるように、ここでも読み物としての工夫を凝らしつつ、訴求ポイントを存分にアピールしていきましょう。

原文：お菓子の特徴に合わせて最適な素材を厳選。

みなさんに安心してお菓子を召し上がっていただくために、そしてよりおいしく仕上げるために。むか新では、**素材一つひとつにこだわり、それぞれの特長をより活かせられるものを厳選して**使用しています。例えば小麦粉ひとつをとっても、商品ごとの食感・味わいがより際立つものを選んでいたり、和菓子に欠かせない小豆や黒糖、季節を彩る果物などは、産地に行き直接農家さんにお話をお伺いすることもあります。ほんの些細なことなのかもしれませんが、**細部までこだわることで、奥深い、ほんとうに良いお菓子がつくれる**のだと、わたしたちは信じています。

この段落で取り上げるポイントは以下の通りです。

- **「特徴に合わせて最適な素材を厳選」――原文に引きずられないこと**
- **「みなさん」の話にしてしまっていいの？**
- **「安心して」は意外に厄介**
- **「それぞれの」は何を指す？**
- **お菓子の話に聞こえるかどうか**
- **「ひとつをとっても」のニュアンス**
- **アピールポイントを見つける**
- **「産地」はどう訳す？**

・「直接お話を伺いする」と言っている意味は？

・本当に「ほんの些細なこと」と言いたいのか

・「こだわる」のは長所ではない？

・「奥深いお菓子」とは？

文字面ではなく意味を訳す

さて、まずは見出しです。第１段落で出てきた、「そのまま訳すとアウト」な表現がここでも出てきます。

原文：お菓子の特徴に合わせて最適な素材を厳選。

「特徴に合わせて最適な」は思わずそのまま訳したくなりますが、要注意です。どういうことか、くわしく見ていきましょう。

訳文① -1：Selecting the most suitable ingredients for the characteristics of each confectionery

訳文② -1：We carefully choose the best ingredients to match our products' characteristics

訳文③ -1：Handpicking the very best ingredients for each Mukashin product

まず訳文①は、"most suitable ingredients for" の箇所が気になります。修飾する句に近い方がいいので、"the ingredients most suitable for" の順番に。

訳文① -2：Selecting the ingredients **most suitable** for the characteristics of each confectionery

しかしこうすると「特徴に最適」と言ってしまっていることに気がつき

ます。「お菓子の特徴に合わせて／最適な素材を厳選。」というのは、「特徴に合わせて最適」ということではなく、「特徴に合わせて選ぶ」ということ。つまり、「お菓子にとって最適な素材を、お菓子の特徴に合わせて厳選している」と言っているのです。厳密に訳すとこうなります。

訳文① -3：Selecting the most suitable ingredients **based on** the characteristics of each confectionery

しかしこれでは見出しとして魅力的ではありません……。まず、長すぎる。"most suitable" というのは堅苦しくて説明調で、見出しにはふさわしくありません。それに、残りの部分（"based on the characteristics of each confectionery"）も説明調すぎます。

訳文② -1：We carefully choose the **best** ingredients to match our products' characteristics

訳文②は、"most suitable" を "best" と言い切っているところが見出しらしい。シンプルで力強い言葉は効果的です。「特徴に合わせて」という部分もきれいに処理していると思いますが、それでも少し説明くさい。というのも、「製品の特徴に合わせて素材を選ぶ」というのがどういうことなのかをまだ説明していないので、ぱっと見では意味が伝わってこないからです。本文を読まないと分からないような細かい情報は、ここで必要でしょうか？　それよりも、「特徴」の話は本文内での説明を待つことにして、ここではダイレクトに伝わる見出しにした方が得策のように思えます。

（もちろん、本文内の説明があって初めて分かる内容を見出しでチラ見せして興味を引く、という手法はあります。ただその場合、見出し自体は簡潔に、真意は分からないまでも一見読みやすく作る必要があります。できればキャッチーな表現を使って。）

訳文③ -1：Handpicking the very best ingredients for each Mukashin product

「特徴」の話を落としたパターンが訳文③です。英語の each は日本語の「各」よりも重みがある言葉だと思いますが、バランスとリズムを考えると、ここはさらに強調してあげた方がよさそうです。

訳文③ -2：Handpicking the very best ingredients
For **every single** Mukashin product

音読してみると違いがはっきりするのではないでしょうか。特に見出しのようなキャッチコピーの性質が強いものは、推敲の際にぜひ音読してみてください。

訳しづらいポイントを押さえる

次のくだりは厄介な表現がいくつか出てきます。なぜ訳しづらいのかはそれぞれ違うので、くわしく見ていきましょう。

原文：みなさんに安心してお菓子を召し上がっていただくために、そしてよりおいしく仕上げるために。むか新では、**素材一つひとつにこだわり、それぞれの特長をより活かせられるものを厳選して**使用しています。

訳文① -1：To ensure that our sweets are safe for everyone to enjoy and make them even more delicious, we carefully select and use ingredients that can make the most of the characteristics of each sweet.

訳文② -1：With the desire to deliver safe confectioneries to everybody and to make them more delicious, Mukashin pays special attention to every single ingredient and carefully selects those that can better exercise their advantages when used.

訳文③ -1：Mukashin wants customers to feel safe eating our confections and tries to make them taste better. We pay special attention to every ingredient to choose one that brings out its special quality.

訳文④ -1：We want to make our confections more and more delicious while having you enjoy them without anxiety. So, at Mukashin, we are particular about the quality of every single ingredient we carefully choose to maximize its characteristics.

訳文⑤ -1：Mukashin cares about product safety and quality; we take meticulous care to deliver high-quality sweets that are safe and blissfully gorgeous. Mukashin has a philosophy for ingredients; we single out every ingredient we use for our confections, choosing ones that bring out their features.

どうでしょう？　この文章を読んでいて「このお店の和菓子が食べたい！」という気になりますか？　マーケティング文書を書く時には、いつも読み返してそう自問しましょう。そこが何よりも大事なポイントです。

● 不特定多数ではなく「特別なあなた」に語りかける

まず、大事な点ですが……。不特定多数に話しかけるべきでしょうか、それとも絞りこまれたターゲット層に話しかけるべきでしょうか。原文で「みなさん」と言っているからといって、訳文でも「みんな」の話にしてしまってはいけません。

これは、文化の違いがあると思います。英語では you を使って直接語りかけるのはごく普通のことです。

“We have great opportunities for you.”
“We want you to step up and join this project.”
“To you, this may come as no surprise.”

不自然なことなど何もありません。

ですが、日本語の文章で「あなたに、あなたへ、あなたのために」と出てくると違和感があります。日本語ではそもそも「あなた」という二人称がまず使われないのです。「あなたは、」「あなたに、」といちいちはっきり口に出すと、喧嘩腰とは言わないまでもどこか対立的で角が立つ感じです。ちょっとキツイのです。「あなた」と single out しないのが日本の文化、ということでしょうか。

英語の「you に直接語りかける」というマーケティングのテクニックが取り入れられて、最近では「あなた」という言葉が使われたオンライン広告やウェブページを目にすることも増えてきましたが、やはり「みなさん」「皆さま」の方がまだ一般的です。

ですが、原文で使われている単語に惑わされず、英語の文化に合っていて、しかもマーケティングで一番効果的な表現を訳文では使うべきです。というわけで、訳文①～③の「みなさん」を you に変えましょう。

訳文① -2：To ensure that our sweets are safe for **you** to enjoy and make them even more delicious, we carefully select and use ingredients that can make the most of the characteristics of each sweet.

訳文② -2：With the desire to deliver safe confectioneries to **you** and to make them more delicious, Mukashin pays special attention to every single ingredient and carefully selects those that can better exercise their advantages when used.

訳文③ -2：Mukashin wants **you** to feel safe eating our confections and tries to make them taste better. We pay special attention to every ingredient to choose one that brings out its special quality.

まだ改善の余地はいろいろとあります。ひとつひとつ見ていきましょう。

●「安心」を強調するとかえって不安にさせる

今の訳文を読んでいて、何か気づいたことはありませんか？　お菓子の話なのに、あまり safe ですよと言われると何だかかえって怖くなりません？原文では気にならないのに、一体これはどういうことでしょうか？

原文では、「みなさんに安心してお菓子を召し上がっていただくために、そしてよりおいしく仕上げるために。」と、「安心」の要素はさらっと出されているので気になりません。しかし、訳文ではどうでしょう？

原文では 1 語のところを、訳文では “To ensure that our sweets are safe for you to enjoy”、“Mukashin wants you to feel safe eating our confections”、“while having you enjoy them without anxiety.” と、語数がかなり費やされています。それで「安心」が強調されてしまっているのです。

例えば、和菓子で一般的に使われているある原材料にはこういう健康リスクがあって、でもうちはオーガニック無添加で 100％安心な素材しか使っていません、という話なら、ここまで安全性を強調した書き方も分かります。しかし、そもそも「和菓子が危険」という認識がないところにこうしてやたらと安全性を強調する書き方では、「え、危険性があるものだったの？」と読者はかえって不安を覚えるのではないでしょうか。

原文で語数が費やされていないところは訳文でも語数を費やさない。これは、そうしないと原文にはない余計なアクセントがついてしまうからです。逆もまた然り。原文が強調しているところを訳文でもきちんと強調し、原文でさらっと出されている情報は訳文でもさらっと出すというのは、当たり前のことに思えますが意外に難しいものです。

というのも、訳しづらいせいで語数を不可抗力的に費やしてしまうことがあるからです。でもこれは、技術が足りないせいで筆に力をいれすぎて字がおかしなところで太くなってしまうようなもの。翻訳者としては、いつでも意のままに筆を操れるようでありたいものです。

というわけで、「安心」の 2 文字を細く書き直してみます。

また、原文では「そしてよりおいしく仕上げるために」ときれいに並べられている句が、訳文ではうまくまとめられていない点も気になります。さらに、improve の件と同じことですが、「よりおいしく仕上げるために」が訳し方次第では元のレベルがあまり高くないのではと思われかねない。もっと美味しそうに聞こえるように手を加えてみました。

訳文① -2：To **ensure that our sweets are safe for you to enjoy and make them even more delicious**, we carefully select and use ingredients that can make the most of the characteristics of each sweet.

⬇

訳文① -3：To **deliver safe and even more delightful sweets to you**, we carefully select and use ingredients that can make the most of the characteristics of each sweet.

訳文②も同様に手を入れてみます。

訳文② -2：With the desire to deliver safe confectioneries to you **and to make them more delicious**, Mukashin pays special attention to every single ingredient and carefully selects those that can better exercise their advantages when used.

⬇

訳文② -3：With the desire to deliver safe **and even more heavenly** confectioneries to you, Mukashin pays special attention to every single ingredient and carefully selects those that can better exercise their advantages when used.

訳文③も、お菓子の話なのに安心が強調されすぎていて、かえって不安になってしまいます。味の話とまとめてさらっと情報を出しましょう。それに、“tries to make”だと美味しいお菓子を提供することに苦戦しているようで、何だかあまり美味しそうには聞こえません。

訳文③ -2：Mukashin **wants you to feel safe eating our confections and tries to make them taste better**. We pay special attention to every ingredient to choose one that brings out its special quality.

⬇

訳文③ -3：**Mukashin is all about delivering safe and tastier treats** to you. We pay special attention to every ingredient to choose one that brings out its special quality.

強調するべきではないところを強調してしまうと、逆の効果が生まれてしまうので要注意です。訳文④もやはりマイナス面を強調しすぎてしまっています。

訳文④ -1：We want to **make our confections more and more delicious while having you enjoy them without anxiety**. So, at Mukashin, we are particular about the quality of every single ingredient we carefully choose to maximize its characteristics.

⬇

訳文④ -2：We want **you** to **enjoy safe and even more delectable sweets**. So, at Mukashin, we are particular about the quality of every single ingredient we carefully choose to maximize its characteristics.

ちなみに、「よりおいしく仕上げるために」は原文だと品よく自社比の話であって、競合他社を蹴落とす表現ではありません。ここに挙げた訳文では、比較対象が過去の自分とも、競合他社ともとれます。英文ではどちらかというと競合他社でしょうか……（特に訳文③ -3）。でもそれも英語の文化に合わせた訳し方なのでかえってバッチリです。

その点、訳文⑤はどちらの意味でも比較を入れていないので、ここで入れておきましょう。「他社とは違うんだ」という意味であっても、「常に研鑽しています」という意味であっても、小粒でもピリリと辛い比較級（？）です。

訳文⑤ -1：Mukashin cares about product safety and quality; we take meticulous care to deliver high-quality sweets that are safe and blissfully gorgeous. Mukashin has a philosophy for ingredients; we single out every ingredient we use for our confections, choosing ones that bring out their features.

⬇

訳文⑤ -2：Mukashin cares about product safety and quality; we take meticulous care to deliver high-quality sweets that are safe and **even more** blissfully gorgeous. Mukashin has a philosophy for ingredients; we single out every ingredient we use for our confections, choosing ones that bring out their features.

この2語を入れただけで意味が強まり、ぐっと強調されました。

何を指しているのかをしっかり把握する

後半部分を見ていきましょう。

原文：みなさんに安心してお菓子を召し上がっていただくために、そしてよりおいしく仕上げるために。むか新では、**素材一つひとつにこだわり、それぞれの特長をより活かせられるものを厳選して**使用しています。

訳文① -3：To deliver safe and even more delightful sweets to you, we carefully select and use ingredients that can make the most of the characteristics of each sweet.

訳文② -3：With the desire to deliver safe and even more heavenly confectioneries to you, Mukashin pays special attention to every single ingredient and carefully selects those that can better exercise their advantages when used.

訳文③ -3：Mukashin is all about delivering safe and tastier treats to you. We pay special attention to every ingredient to choose one that brings out its special quality.

訳文④ -2：We want you to enjoy safe and even more delectable sweets. So, at Mukashin, we are particular about the quality of every single ingredient we carefully choose to maximize its characteristics.

訳文⑤ -2：Mukashin cares about product safety and quality; we take meticulous care to deliver high-quality sweets that are safe and even more blissfully gorgeous. Mukashin has a philosophy for ingredients; we single out every ingredient we use for our confections, choosing ones that bring out their features.

● 文脈の中で正確に意味を把握する

ここで「それぞれの特長を」と言っているのは、何の特長でしょうか？「それぞれの」は何を指しているのでしょう？　ここだけを読むと、「素材の特長」と言っているように聞こえます。

しかし、この次のくだりに「例えば小麦粉ひとつをとっても、商品ごとの食感・味わいがより際立つものを選んでいたり、」と出てきます。つまり「素材の特長」ではなく「製品の特長」を引き出す素材、という話をしているのですね。

文章は常に文脈によって解釈するべきです。その句の中で、ほかの表現とのかかわり。その１文の中で、ほかの節とのかかわり。その段落の中で、ほかの文とのかかわり。文章全体の中で、ほかの段落とのかかわり。それが文脈です。単語だけを追って訳していると、文脈を見失ってしまいます。

訳文②はお菓子の素材という感じではないですよね。お菓子らしい書き方にしましょう。

訳文② -3：With the desire to deliver safe and even more heavenly confectioneries to you, Mukashin pays special attention to every single ingredient and carefully selects those that can better **exercise their advantages when used**.

⬇

訳文② -4：With the desire to deliver safe and even more heavenly confectioneries to you, Mukashin pays special attention to every single ingredient and carefully selects those that can better **bring out the features of our sweets**.

同様に、訳文③にも手を入れてみます。

訳文③ -3：Mukashin is all about delivering safe and tastier treats to you. We pay special attention to every ingredient to choose one that brings out **its** special quality.

⬇

訳文③ -4：Mukashin is all about delivering safe and tastier treats to you. We pay special attention to every ingredient to choose one that brings out **our confections'** special quality.

さらに言えば、feature や characteristics というのもお菓子に使わないわけではないとは言え、やはり製品についての説明になります。もっと美味しそうにできないでしょうか？

訳文④ -2：We want you to enjoy safe and even more delectable sweets. So, at Mukashin, we are particular about the quality of every single ingredient we carefully choose to maximize **its characteristics**.

⬇

訳文④ -3：We want you to enjoy safe and even more delectable sweets. So, at Mukashin, we are particular about the quality of every single ingredient we carefully choose to maximize **the goodness of our confections**.

これで、パッと見で何の話か分かる、意味が明確な読みやすい文章になったのではないでしょうか。

「意味が明確で読みやすい」というのはマーケティング翻訳では非常に大事な点です。マーケティング文書は**ただ情報を伝えるためのものではなく、常に何らかのメッセージがある**ものだからです。

原文に凝縮されている情報をただ英文に詰め込むのでは、メッセージが伝わる文章にはなりません。常に、書き手は何を言いたいのか、**何を売り込**

んでいるのか、と原文を分析した上で訳すようにしましょう。

何をアピールしているのかを考える

次の文でも、**何を売り込んでいるのか**という分析が非常に大切です。

原文：例えば小麦粉ひとつをとっても、商品ごとの食感・味わいがより際立つものを選んでいたり、和菓子に欠かせない小豆や黒糖、季節を彩る果物などは、産地に行き直接農家さんにお話をお伺いすることもあります。

「産地に行き直接農家さんにお話をお伺いすることもあります」というくだりは、あまり考えずに訳すと不自然な英文になってしまったり、アピール力の弱い文になってしまったりするリスクがあります。しかし何を訴えたいのかをきちんと考えて訳せば、段落の最後を効果的な１文で締めることができます。

ほかに、「小麦粉ひとつをとっても」のニュアンスをどう出せるか、「商品ごとの食感・味わい」、「より際立つ」などをどうすれば自然に表現できるかを見ていきましょう。

訳文① -1：Even when selecting a single ingredient, flour, for example, we choose one that highlights the distinctive texture and flavor of each product. Furthermore, when selecting adzuki beans, brown sugar, and seasonal fruits indispensable for Japanese sweets, we sometimes go to their production areas and talk directly to the farmers.

訳文② -1：Take flour, for example; we select a special one that can better emphasize each product’s texture and flavor. When selecting adzuki beans and brown cane sugar, which are indispensable to Japanese-style confectioneries, and seasonal fruits, we sometimes visit production regions to talk with producers directly.

訳文③ -1：For example, we choose wheat that makes the texture and flavor of each product stand out more. We sometimes directly visit a production center to talk to a farmer about our indispensable ingredients of *wagashi* (traditional Japanese confections), such as adzuki beans, brown sugar, and seasonal fruits.

訳文④ -1：For example, we use different flour brands to sharpen the texture and flavor of each product. We sometimes visit and consult with the growers of other indispensable ingredients for Japanese sweets, such as red adzuki beans, brown sugar, and fruits of the season.

訳文⑤ -1：Take flour, for example. Even with something so basic as flour, we use different brands for different Mukashin products so that flour emphasizes their texture and flavor. For ingredients vital to Japanese sweets, like red beans, brown sugar and seasonal fruits, we even travel and visit producers to quiz them about their produce.

この英文を読んで、「このお店のこだわりはすごいな」という感想が出てくるでしょうか？　出てこないなと思ったら書き直しです。それだと原文に込められたアピールが拾いきれていないので。

● ニュアンスとのつきあい方を考える

この５通りの訳文では、「小麦粉ひとつをとっても」のニュアンスを忠実に伝えようとしているのは訳文①と訳文⑤の２つのみです。あとはこのニュアンスは落としています。それもむべなるかな。というのも、このニュアンスを出すのは結構厄介なのです。

訳文① -1：**Even when selecting a single ingredient, flour, for**
（前半）　**example**, we choose one that highlights the distinctive texture and flavor of each product.

訳文①はsingleという形容詞1語で言い表せていて名案のようですが、少しずれるように思います。「いろいろあるけれども、小麦粉を例にとっても（あてはまる）」という意味合い。または、「小麦粉（のような当たり前のもの）ですら」という意味合いも考えられます。旬の果物のような目立つメインの食材ではなく、小麦粉のような基本的な材料でもこだわり抜いている、という解釈です。

訳文⑤-1：**Take flour, for example. Even with something so basic as flour**, we use different brands for different Mukashin products so that flour emphasizes their texture and flavor.
（前半）

後者の意味合いを出そうとしたのが訳文⑤です。問題は、これだと原文よりもこのニュアンスに語数を費やしてしまっていること。本来、これは褒められたことではありません。ただこの場合、原文よりも力んで強調するのはアリだと思います。

というのも、この段落のテーマは「素材へのこだわり」。「うちはそこまで素材にこだわり抜いている」というアピールになるからです。訴求ポイントを打ち出すためなら語数が増えても致し方なし、です。もちろん、スマートに1語でその意味合いが出せるのならそれに越したことはありません。

訳文①で何とかスマートにニュアンスが出せないか、試してみます。

訳文①-2：Even when selecting a **basic** ingredient **like flour**, we choose one that highlights the distinctive texture and flavor of each product.
（前半）

これだと、さきほどお話しした2通りのニュアンスの折衷案という感じでしょうか。完全な解決策とは言わないまでも、ここでの最適解かもしれません。訳文⑤の語数も削ってみるとこうなります。

訳文⑤-2：Take flour, for example. Even with **a** basic **ingredient like** flour, we use different brands for different Mukashin products so that flour emphasizes their texture and flavor.
（前半）

マーケティング文書にはアピールしたいポイントがある

後半部分もすぐに訳すのではなく、まず分析。**何をアピールしているのか**という観点から、書き手の真意をつかみましょう。

原文：和菓子に欠かせない小豆や黒糖、季節を彩る果物などは、産地に行き直接農家さんにお話をお伺いすることもあります。

訳文① -1（後半）：Furthermore, when selecting adzuki beans, brown sugar, and seasonal fruits indispensable for Japanese sweets, we sometimes go to their production areas and talk directly to the farmers.

訳文② -1（後半）：When selecting adzuki beans and brown cane sugar, which are indispensable to Japanese-style confectioneries, and seasonal fruits, we sometimes visit production regions to talk with producers directly.

訳文③ -1（後半）：We sometimes directly visit a production center to talk to a farmer about our indispensable ingredients of *wagashi* (traditional Japanese confections), such as adzuki beans, brown sugar, and seasonal fruits.

訳文④ -1（後半）：We sometimes visit and consult with the growers of other indispensable ingredients for Japanese sweets, such as red adzuki beans, brown sugar, and fruits of the season.

訳文⑤ -1（後半）：For ingredients vital to Japanese sweets, like red beans, brown sugar and seasonal fruits, we even travel and visit producers to quiz them about their produce.

原文で何がどうアピールされているのかを意識して英文を作れたでしょうか？　日本語ではさらっと書いてあるせいで、英語でアピールポイントを外してしまってはもったいない。何がどうアピールされているのか、原文を分析して把握しましょう。

●「産地」という単語を言い換える

大問題なのが、「産地に行く」をどう訳すか、です。ただ辞書で見つけた表現をそのまま使ってしまうと自然な英文になりません。それに言いたいことも伝わらない……。「直接お話を伺う」と言っているのも、何が言いたいのかが分かっていないとピンボケな訳文になってしまいます。

「産地」の訳語をネット上で調べると、“producing area/district”、“growing area”、“production center” あたりがヒットします。訳文③で “production center” を使われていますが、どうでしょう。例えばみかんならみかんを作っている県のことか、と意味が一目で分かるでしょうか？製造工場でも “production center” と言えます。訳文①の “production area” も少し微妙です。その後に farmer と出てくるので誤解する人はいないとは思いますが、直観的ではないように思います。訳文②の “production regions” の方が area よりもベターです。まだ和歌山や愛媛などの「産地」だと分かりやすい。

「産地」という単語自体は使わずに、“visit and consult with the growers” と訳している訳文④がこれら 3 例よりも分かりやすく、自然です。ただ、大きな問題もあります。「産地」という単語でアピールしているポイントが抜け落ちてしまっているのです。

一般的に、農作物の産地と言えば地方の農業地帯のイメージです。むか新の本部は大阪府にありますが、「産地に行って農家さんと話をする」と言われたら、まず大阪府内の話ではないでしょう。少なくとも県はまたいでいるはずです。つまり、わざわざ遠くまで出向いていっている、という話なのです。

そこを押さえれば、「産地」という単語自体は使わなくても、同じことをアピールすることができます。訳文⑤では動詞で「遠くまで出向いている」ニュアンスを出しています（“travel and visit”）。同様に、訳文④でも距離感のある動詞を足してあげればいいのです。

訳文④はスマートに訳されているのですが、これだとひそかなアピールが抜け落ちてしまっています。

訳文④ -1：We sometimes **visit and consult** with the growers of other indispensable ingredients for Japanese sweets, such as red adzuki beans, brown sugar, and fruits of the season.

⬇

訳文④ -2：We sometimes **travel and visit** the growers of other indispensable ingredients for Japanese sweets **to** consult with them **about their produce**, such as red adzuki beans, brown sugar, and fruits of the season.

遠くまで出向く感を出すだけでなく、「○○の生産者と相談する」という書き方を「生産者と○○について相談する」に変えているところもミソです。どういうことか、次のセクションで説明しましょう。

● 言外のアピールをちゃんと読み取る

ここではもう1点、「直接お話をお伺いする」と言っているのも、「どういうことなんだろう？」と考える必要があります。言葉自体はシンプルなもので、「産地」のような厄介さはありません。だからすぐ訳したくなってしまいますが、そこを考えずに訳すと英語として不自然ではないとしてもいまいち意味が伝わらない、ピンボケの英文になってしまいます。

「直接話を聞く」というのは、「間に介在する者がいない」という意味か、「間に介在する物がない」という意味にとれます。前者は「直接本人とのやりとり」で、後者は「対面でのやりとり」です。ここでは「産地に行って直接話をする」と言っているので後者ですね。前者の意味が含まれるかもしれませんが。とにかく、電話やメールじゃなくて、産地に出向いて行って生産者本人と直に話をする、と言っているわけです。これはどういうことでしょうか？　電話やメールじゃない、直のやりとりにどんな意味があるのでしょうか？

わざわざ産地まで行くのだから、ただ相手の話を聞くだけではないはずです。遠路はるばる産地を訪れて、品種や栽培方法について納得のいくまで生産者本人に尋ねた上で素材を厳選している。これは大きなアピールポイントです。

これをただ“talk directly with”などと訳してしまっては、素材へのこだわりが文面から伝わってきません。

日本語の文章ではあからさまに売り込むことは滅多にないので、慎ましやかな表現から何をアピールしているのかを読み取る必要があります。以上のことを踏まえて、英文では思う存分アピールしてみましょう。

訳文①はただ「話す」としか書かれていないので、さきほどの産地の件と合わせて手を入れてみます。

訳文① -1：Furthermore, when selecting adzuki beans, brown sugar, and seasonal fruits indispensable for Japanese sweets, we sometimes **go to their production areas and talk directly to the farmers**.

⬇

訳文① -2：Furthermore, when selecting adzuki beans, brown sugar, and seasonal fruits indispensable for Japanese sweets, we sometimes **even travel and visit the producers to discuss their produce directly with them**.

訳文②も「直接話す」ではまだ弱いと思います。言外のアピールが伝わらないので、はっきりスペルアウトしてしまいましょう。

訳文② -1：When selecting adzuki beans and brown cane sugar, which are indispensable to Japanese-style confectioneries, and seasonal fruits, we sometimes **visit** production regions to **talk** with producers **directly**.

⬇

訳文② -2：When selecting adzuki beans and brown cane sugar, which are indispensable to Japanese-style confectioneries, and seasonal fruits, we sometimes **travel to** production regions to **discuss directly** with producers **about their produce**.

訳文③もやはりこの書き方だと書き手がはっきりと言えなかったアピールが受け取れていないように思えます。「直接」産地を訪問する、と言いたいわけではなく、直接生産者に質問する、と言いたいわけですよね。

訳文③-1：We sometimes **directly visit a production center to talk to a farmer** about our indispensable ingredients of *wagashi* (traditional Japanese confections), such as adzuki beans, brown sugar, and seasonal fruits.

⬇

訳文③-2：We sometimes **even go and visit producers to ask them** about our indispensable ingredients of *wagashi* (traditional Japanese confections), such as adzuki beans, brown sugar, and seasonal fruits.

訳文④はさきほど「○○の生産者と話す」を「生産者と○○について相談する」に変えて、わざわざ産地に出向いて、原材料について生産者に直に聞いているんですよ、というニュアンスを出しています。言いたいことをさらに分かりやすくするために、動詞を変えてみましょう。

訳文④-2：We sometimes travel and visit the growers of other indispensable ingredients for Japanese sweets to **consult with** them about their produce, such as red adzuki beans, brown sugar, and fruits of the season.

⬇

訳文④-3：We sometimes travel and visit the growers of other indispensable ingredients for Japanese sweets to **question** them about their produce, such as red adzuki beans, brown sugar, and fruits of the season.

これで、生産者にじっくりと色々質問している姿が目に浮かぶのではないでしょうか。

訳文⑤でも同じやり方で、question ではなく quiz someone about

something という表現を使っています。気になることを聞き洩らさない姿勢が伝わるのではないでしょうか。

訳文⑤ -1：For ingredients vital to Japanese sweets, like red beans, brown sugar and seasonal fruits, we even travel and visit producers to **quiz them about their produce**.

このように、原文では売り込みたいことが表にはあらわれていないことが多々あります。日本人としてはおおっぴらにアピールするわけにはいかない書き手の気持ちを言外から汲み取って、英語ではポイントを残さず拾って直球勝負で最大限アピールしましょう。

英語のマーケティング文書で謙遜はいらない

この段落でこれまで積み重ねてきたアピールのまとめとなるのが次の 1 文です。ここでも原文は日本人の感性を生かした書き方をされています。もうお気づきのとおり、これをそのまま英語にするわけにはいきません。

原文：ほんの些細なことなのかもしれませんが、**細部までこだわることで、奥深い、ほんとうに良いお菓子がつくれる**のだと、わたしたちは信じています。

訳文① -1：It may be just something small, but we believe that paying attention to those processes enables us to make profound and delicious sweets.

訳文② -1：This may be trivial, but we are confident that we can make truly excellent confectioneries with depth only when we are particular about details.

訳文③ -1：Though it might seem a mere trifle, we believe this special attention to detail allows us to create authentic confections with rich flavors.

訳文④ -1：It may be a small matter, but we believe that sticking to the details enables us to make fabulous confections with profound tastes.

訳文⑤ -1：Obsessed with small matters? But we believe such devotion to minute details is precisely what enables us to create fine confections of true quality.

日本語らしい謙虚な書き方は、英語で再現するべきでしょうか？　もうお分かりですよね。慎ましやかな英文では売り込めません。英文では日本語の文章よりもストレートに攻めていきましょう。

●「些細なこと」の真意を考える

まず考えないといけないのが、何を指して「些細なことかもしれない」と言っているのか、という点です。普通に読んだら、前の部分を受けてこう言っている、と思える。つまり、製品の特長に合わせて小麦粉を変えたり、産地まで出向いて生産者に話を聞いた上で素材を厳選したり、という行為を指しているように読めます。

しかし本当にそう言いたいのでしょうか？　わざわざ遠くの産地まで出向いて直接話を聞くというのは小さなことではなく、大きなことのはず。それこそ、アピールポイントになるほどに。

１つの解釈は、これは謙遜だという理解。つまり、「たいしたことじゃないかもしれませんが」という謙遜を日本人としては入れないわけにはいかない、ということです。

もう１つの解釈は、「些細なことかもしれないが」というのは前を受けているのではなく、その次に出てくる「細部までこだわることで」にかかっているという理解。つまり、「こだわりの行為」が小さなことなのではなく、「こだわりの内容」が小さなこと、という解釈です。世間的にはほんの些細なことでもこだわり抜いて、そんな些細なことに普通だったらかけないような手間暇をかけることで、よそとは違う本物の和菓子が作れるんです、というわけです。これだと、一見謙虚そうな譲歩の「ほんの些細なことなのかもしれませんが」が実は逆にものすごくアピールしていることになります。

日本人の心情としては前者が自然に思えるものの、後者の解釈もなくはない。謙遜か譲歩か、どちらの解釈も成り立つと思いますが、英文で売り込むのなら後者一択です。というわけで、譲歩（些細なことにもこだわり抜いている）として読めるように手を入れてみましょう。

訳文①は、about の１語を入れてあげれば何が些細だと言っているのか、その中身が変わります。また、行為ではなくこだわりの内容に変えたいので、"those processes" を "such details" に変えます。

訳文① -1：It may be just something small, but we believe that paying attention to **those processes** enables us to make profound and delicious sweets.

⬇

訳文① -2：It may be **about** just something small, but we believe that paying attention to **such details** enables us to make profound and delicious sweets.

訳文②は何が些細なのか曖昧なのですが、ここではっきりとさせておきましょう。

訳文② -1：This may **be** trivial, but we are confident that we can make truly excellent confectioneries with depth only when we are particular about details.

⬇

訳文② -2：This may **seem like an obsession with** trivial **matters**, but we are confident that we can make truly excellent confectioneries with depth only when we are particular about details.

訳文③も「詳細にこだわる行為」が些細だと言っているように聞こえるので、「ささいなことにこだわるようだが」に変えましょう。

訳文③ -1：Though it might seem a mere trifle, we believe this special attention to detail allows us to create authentic confections with rich flavors.

⬇

訳文③ -2：Though it might seem **like an obsession with** a mere trifle, we believe this special attention to detail allows us to create authentic confections with rich flavors.

訳文④は完全に「こだわることが些細だ」と言っているので、「ささいなことにこだわる」に変えます。

訳文④ -1：**It may be a** small matter, but we believe that sticking to the details enables us to make fabulous confections with profound tastes.

⬇

訳文④ -2：**We may be tying ourselves in knots over** a small matter, but we believe that sticking to the details enables us to make fabulous confections with profound tastes.

● 書き手は読み手と同じ立場に立つ

ここで気をつけないといけないのは、譲歩する際に読者との対立構造を作らないようにする、という点です。例えば訳文②は以下のように変えることもできます。

訳文② -2'：**You** may **think we're obsessed with** trivial **matters**, but we are confident that we can make truly excellent confectioneries with depth only when we are particular about details.

よほど大きな理由がないかぎり（そうすることがレトリック上効果的でないかぎり）、読み手と書き手は常に同じ側にあるべきです。読み手と書き手の間に対立構造があってはならないのです。

ですから、「あなたはそう思うかもしれない。でも本物を作るためには必要なこだわり」という書き方はよろしくない。“This may seem like an obsession with”とぼかすか、「うちはおかしく思えるかもね」ではなく「うちはおかしいかもね」（“We may be obsessed with trivial matters”）と完全に譲歩して、「（ぼんやりとした）世間の常識ＶＳ弊社」という対比すらなくしてしまう。訳文②と訳文③では前者のやり方、訳文④では後者のやり方をとっています。

● 読み手が職人気質好きとは限らない

日本人にとって、「こだわり」は尊敬の的です。「細部までこだわっています」というのは褒め称えられるべき真摯な態度です。そのため、「品質へのこだわり」「細部へのこだわり」「素材へのこだわり」など、こだわり関係の表現がマーケティング文書でよく出てきます。

しかし英訳するとなると意外に表現がなくて困りませんか？ 「細部にこだわる」に相当する英語表現として出てくるのは、“stick to details”、“particular about details”、“fuss over details”、“get caught up on the details”、“hang up on the details”、“pay close/scrupulous attention to details”あたり。

よくてニュートラル、下手するとネガティブな表現ばかりです。明らかにポジティブなのは“care about details”くらいで、“hair-splitting”や“nit-picking”は完全にネガティブ。

日本語では「こだわり」がおおむねポジティブにとらえられているのと比べて、これらの表現を見ると「細かいことにこだわる」というネガティブなイメージが浮かび上がります。頑固、固執、偏執的ととらえられているのかもしれません。どうやら細部にこだわるのはあまり好ましくない気質のようです。

では、それを売りにしている場合はどうすればいいのか？ 職人気質がまったく評価されないというわけではないので、ネガティブな表現をあえて使ってそれをひっくり返すことで昇華すればいいのです。まさにその手を使っているのが訳文⑤。

訳文⑤ -1：Obsessed with small matters? But we believe such devotion to minute details is precisely what enables us to create fine confections of true quality.

ここで大事なのは、イメージを 180 度ひっくり返すために、後半部分では「こだわる」という動詞部にポジティブな表現を持ってくることです。訳文⑤で言うと“devotion”。前半では“obsession with small matters”というネガティブなイメージで語られたものを“devotion to minute details”という称賛の対象に変化させています。

ほかの訳文でも後半の「こだわる」部分をブラッシュアップしてみましょう。訳文②では“paying attention to”とシンプルに言っているところに scrupulous の 1 語を足してあげることで強調します。

訳文① -2：It may be about just something small, but we believe that paying attention to such details enables us to make profound and delicious sweets.

⬇

訳文① -3：It may be about just something small, but we believe that paying **scrupulous** attention to such details enables us to make profound and delicious sweets.

訳文②では“particular about”というニュートラルもしくはネガティブな表現が使われているのを“care about”というポジティブな表現に変え、さらに minute で強調。

訳文② -2　This may seem like an obsession with trivial matters, but we are confident that we can make truly excellent confectioneries with depth only when we **are particular about** details.

⬇

訳文② -3：This may seem like an obsession with trivial matters, but we are confident that we can make truly excellent confectioneries with depth only when we **care about minute** details.

訳文④では “sticking to” というニュートラルもしくはネガティブなニュアンスで使われる表現を “respecting details” という紛うことなきポジティブ表現に変えてみます。

訳文④ -2：We may be tying ourselves in knots over a small matter, but we believe that **sticking to the** details enables us to make fabulous confections with profound tastes.

⬇

訳文④ -3：We may be tying ourselves in knots over a small matter, but we believe that **respecting details** enables us to make fabulous confections with profound tastes.

表現の持つネガティブ／ポジティブなイメージに敏感になることは大事です。ただ “pay attention to details” とそのまま訳すだけでは灰色の退屈な文章になってしまいます。そこでイメージをうまく利用すれば、表現に幅のあるカラフルな文章になります。

「何の話をしているのか」を見失わない

さて、このくだりではもう 1 点考えたいことがあります。「奥深いお菓子」とは何ぞや、です。

原文：ほんの些細なことなのかもしれませんが、**細部までこだわることで、奥深い、ほんとうに良いお菓子がつくれる**のだと、わたしたちは信じています。

訳文① -3：It may be about just something small, but we believe that paying scrupulous attention to such details enables us to make profound and delicious sweets.

訳文② -3：This may seem like an obsession with trivial matters, but we are confident that we can make truly excellent confectioneries with depth only when we care about minute details.

訳文③ -2：Though it might seem like an obsession with a mere trifle, we believe this special attention to detail allows us to create authentic confections with rich flavors.

訳文④ -3：We may be tying ourselves in knots over a small matter, but we believe that respecting details enables us to make fabulous confections with profound tastes.

「奥深いお菓子」と聞いて、ピンときますか？　奈良時代に誕生した由緒ある高級な和菓子のことでしょうか？　シンプルに美味しいというよりも、複雑な味がしそうですね。何だか味わうのも難しそうで、恐れ多い感じです。

●「奥深いお菓子」とは何なのか考える

「奥深い」と言われるとパッと思い浮かぶ英単語は profound ではないでしょうか。思わず“profound flavor”と訳したくなります。しかし、そこで立ち止まって、「何の話をしているのか」を考えましょう。これはお菓子の話です。profound なお菓子ってどういうことでしょう？　お菓子にちょっとそぐわないのでは？

「奥深い味わい」だったら日本語では違和感ないと思います。つまり、深遠なお菓子と言っているわけではなく、味わい深いお菓子と言っているわけです。というわけで、訳文に手を入れてみましょう。

訳文① -4：It may be about just something small, but we believe that paying scrupulous attention to such details enables us to make **truly** delicious sweets **that have a depth of flavor**.

訳文② -4：This may seem like an obsession with trivial matters, but we are confident that we can make truly excellent confectioneries **which have a depth of flavors** only when we care about minute details.

訳文③ -3：Though it might seem like an obsession with a mere trifle, we believe this special attention to detail allows us to create authentic confections **rich in flavors**.

訳文④ -4：We may be tying ourselves in knots over a small matter, but we believe that respecting details enables us to make fabulous confections **that are truly flavorsome**.

このように、**何の話なのか**を常にお忘れなく。単語だけに注目していると見失いがちです。常に、「文脈に合わせて表現を選ぶ」姿勢を忘れずに。

「何を言っているのか」を忘れてしまうと、profound sweets のような妙な表現が誕生してしまいます。単語を追ってはダメ。何の話をしているのか、何を言っているのか、何が言いたいのか、どうしてそう言いたいのか、が常に把握できているようにしましょう。

❺ 最終段落のポイントを押さえよう

いよいよ最終段落です。ここまで離脱しないで読んでくれている読者は、このお店のお菓子にかなり関心を持ってくれています。街中で見かけたらふとお店に立ち寄ってくれるくらい、あるいはオンラインで思わず注文してくれるくらい、むか新のことを気に入ってもらえるように仕上げましょう。

おいしくなるための手間は
惜しまずに。

むか新のお菓子は、すべてを手作業でおこなっているわけではありませんが、機械に頼りすぎてしまうと、どうしても味や品質のムラが出てしまいます。
わたしたちが大切にしている「いつ食べても変わらない味」のためには、**職人の長年の経験や研ぎ澄まされた感覚**が欠かせません。たとえ**同じ手法、同じ分量、同じ材料でつくっていたとしても、同じ仕上がりになるとは限らない。そこが、お菓子づくりの難しいところ**であり、楽しいところでもあります。
気温や湿度によって生地の混ぜ方やオーブンの温度などを変更したり、あえて小ロットの機械を使い品質のムラを防いだり。**お菓子を最高の品質に仕上げるため、そしてみなさまがほっこり笑顔になっていただくため**の努力と手間は惜しみません。

ここでのポイントは以下の通りです。

- **魅力的な見出しをつくる**
- **ニュアンスをうまく出せる表現**
- **都合の悪い情報の出し方**
- **カギ括弧でくくられたフレーズ**
- **もので語るか、人で語るか**

・リズムのよい並列は英文でもリズムよく

・決め台詞は大上段で

・具体例は読みやすく

・「ほっこり笑顔」のオノマトペに振り回されないこと

・情報を出す順番と流れ

それでは早速見ていきましょう。

文脈と題材に合った見出しを考える

もう見出しも3つ目です。キャッチコピー的な要素にも慣れてきたでしょうか？　コツをつかめば怖くありません。

原文：おいしくなるための手間は
惜しまずに。

訳文① -1：Full effort to make sweets taste good

訳文② -1：Sparing no time and effort to deliver delicious tastes

訳文③ -1：We never spare efforts
to offer delicious confections

訳文④ -1：Sparing no bones
to make it tastier

文脈と題材に合った効果的な見出しになっているでしょうか？

● 見出しに適した文型を選ぶ

ここで4通りの訳文を挙げましたが、パターンとしては3通りです。訳文①は名詞句、訳文②と訳文④は分詞句、訳文③は完全な文。

この中で日本人にとってしっくりくるのは分詞句ですが、英語の文章では割と完全な文のパターンが多いと言えます。日本人は言い切らず余韻を残すタイトルが好きですが、文として言い切る方が力強い印象を与えるので英語では好まれるのでしょうか。この 3 通りの中ではあまりお勧めしないのが名詞句のパターンです。よほど簡潔にまとめるのでなければ印象が弱まってしまいます。

● 見出しはインパクトを強くする

見出しはインパクト勝負です。ほかの段落の見出しとスタイルをそろえる必要がありますが、ここではインパクトを強くするという観点から手を入れてみます。

訳文① -2：**Endless dedication to ever-tastier** sweets

訳文② -2：Sparing no time and effort to deliver **blissful treats**

訳文③ -2：We never spare efforts
to **deliver delectable** confections

訳文④ -2：Sparing no bones
to make it **even** tastier

● 題材に合ったトーンにする

訳文①はインパクトだけを狙った編集が裏目に出てしまったようで、もはやほっこり笑顔になるようなお菓子の話ではなくなってしまいました……。「何の話なのか」を忘れてはいけませんね。力強い単語を使った簡潔な名詞句はあまりに猛々しくて「美味しいお菓子」に合わないようです。

訳文②はせっかく deliver という効果的な動詞を使っているのに目的語（“delicious tastes”）が弱かったので、ここをもっと訴求力の高い表現に変えました。

訳文③は offer という動詞と目的語が弱かったのでここに手を加えました。offer を使うなら you という目的語も欲しいところです。ただそれでも、offer では動詞として弱いので deliver に変えています。これよりはるかに強いのが “give you”（“We never spare efforts/to **give you** delectable confections”）ですが、さすがに偉そうな響きがあるので却下（それは日本人の感性なのかもしれませんが）。ここで入れられなかった you の要素を訳文④に落とし込んでみましょう。

訳文④ -3：**We spare** no bones to
make it **even** tastier **for you**

下段が長くなったため、バランスとリズムを考えて上段も変えています。これでどの訳文もインパクトは強まりました。ただ、訳文①以外も「美味しいお菓子のために」という文脈を考えると、間違った方向に力強いようにも感じられます……。訳文④で方向を修正してみましょう。

訳文④ -4：We **go the extra mile** to
make it even tastier for you

原文ではたしかに「手間は惜しまずに」という表現が使われていますが、柔らかい雰囲気をまとった見出しにまとめられています。力みすぎてしまうと繊細で洗練された和菓子のイメージにそぐわないものになってしまうようです。「どんな努力も厭いません！」「美味しさのためなら何でもやります！」という感じの “spare nothing” とは違う方向で強調する表現を探しましょう。

訳文⑤：We are doggishly ingenious
when it comes to making your sweets tastier

訳文⑥：We make inspired efforts
to make heavenly confections

訳文⑦：No effort is too big for us
to give you a blissful snack time

「手間を惜しまない」と言われたら“spare no effort”と思ってしまいますが、ここでもやはり文脈に沿った表現を選ぶことが何より大事です。いつもかならず「**何の話なのか**」と自問すること。製品のイメージにそぐわない、おかしな方向にアピールした見出しになりかねませんから。

ちなみに、言い訳にはなりますが、訳文がそろって“spare no something”を使ったのは偶然ではないと思います。「手間は惜しまない」という表現にぴったりの英語表現を検討したときに、あまりないな、と気づかれたのでは？　“spare no efforts”、“make dedicated efforts”、“dedicated to doing something”、“be thorough about something”。努力アピール系の英語表現はそんなにバラエティがないように思います。努力や物事に取り組む姿勢よりも結果で評価される文化だからでしょうか？

あ、ちょっと待って。口語表現ならまだいろいろありますよね。“go all out”、“pull out all the stops”、“use every muscle”、“put your heart and soul into it”、“go the limit”、“go the extra mile”。ステレオタイプな文化論をふりかざしてはいけないですね。反省です……。

マイナス材料はこう提示する

会社にとって不利な情報を隠して都合のいいことだけを宣伝するのなら、こんなに楽なことはありません。しかし実際には都合の悪いことだってあります。それに、都合の悪い情報は正直に公表した方がよいものです。

ここでは会社の評判に差し障るような都合の悪い情報、ということでは決してありませんが、アピールしづらい情報が冒頭で出されています。

原文：むか新のお菓子は、すべてを手作業でおこなっているわけではありませんが、機械に頼りすぎてしまうと、どうしても味や品質のムラが出てしまいます。

機械製というのは、伝統的な和菓子の訴求ポイントにはならないイメージです。「手作り」には特別な価値があります。特に「伝統」がつく分野では。一般的に、こういう場合の路線は「ていねいに、ていねいに、ひとつずつ心をこめて職人が作りあげています」ではないでしょうか。炉端で、とまでは言わないにしろ。機械生産、業務用機械、製造……。そもそも機械という言葉が伝統菓子である和菓子のイメージにそぐわない。

しかし当然、小さな個人商店でなければ今どきは機械を使います。単純に規模の問題で手作りはすでに無理でしょう。21世紀のこの時代、普通は何でも機械製だからこそ手作りに特別な価値がある、とも言えます。

むか新のような大規模な企業では当然機械を使わないわけにいきません。しかしそこで、むか新は当たり前の事実とはいえおおっぴらには言いたくない情報をおおっぴらにホームページ上で公表しているのです。それがこのくだり。原文では見事な工夫がされているのですが、どうすれば英語でも同じことができるでしょうか？

原文：むか新のお菓子は、すべてを手作業でおこなっているわけではありませんが、機械に頼りすぎてしまうと、どうしても味や品質のムラが出てしまいます。

訳文①：Although our sweets are not made entirely by hand, over-reliance on machines in the production of sweets inevitably leads to inconsistencies in taste and quality.

訳文②：Mukashin's confectioneries are not 100% handmade, but excessive dependence on machines inevitably results in uneven taste and quality.

訳文③：Mukashin's confections are not all made by hand. However, if we depend too much on machine production, the taste and quality will not be uniform.

訳文④：At Mukashin, we strike the best balance between handmade and machine productions; depend too much on the latter, and you will inevitably get uneven taste and quality.

訳文⑤：Admittedly, Mukashin sweets are not entirely handmade. Yet, we are not wholly automated either, because relying completely on machines will make our sweets uneven in flavor or quality.

訳文①から⑤で訳し方が微妙に違います。違うのは流れ、話の持っていき方です。違和感があるものはありますか？　逆に、「これはしっくりくる」と思う訳文はあったでしょうか？

● 論理の流れを分析する

それでは訳文①からくわしく見ていきましょう。

訳文①では、「手作りではない」という前半部分と後半部分を although という逆接でつなげています。一見問題がないようですが、じっくり考えると論理的におかしいように思います。

「機械を使わないわけにはいかない」と「機械に頼りすぎるとムラが出る」なら逆接でつなげるのも納得ですが、「うちは完全に手作りではない」と「機械に頼りすぎるとムラが出る」は厳密には逆接ではないように思います。間に「機械を使わざるを得ない」などとワンクッション入ればすっきりと逆接でつながるのでは。例えば、下の 2 例と比べてみてください。

例①：Although modern-day sweets cannot be produced entirely by hand, over-reliance on machines in the production of sweets inevitably leads to inconsistencies in taste and quality.

例②：Although manual production is not feasible for a shop of our size, over-reliance on machines in the production of sweets inevitably leads to inconsistencies in taste and quality.

これなら although を使っても論理的にねじれが生じないのではないでしょうか。

ほかには、「完全に手作りではない⇔完全に機械化するつもりもない」や「完全に手作りではない⇔手作りでしか得られない味がある」も逆接として納得の流れです。

また、訳文③のように 2 つの部分をつなげず、文を切ってしまえばそんなに違和感はありません。

訳文③：Mukashin's confections are not all made by hand. However, if we depend too much on machine production, the taste and quality will not be uniform.

とはいえ、じっくり考えるとやはりおかしい。下と比べてみてください。

Mukashin's confections are partly made by machines. However, if we depend too much on machine production, the taste and quality will not be uniform.

「機械は使っている。しかし、機械に頼りすぎるのもよくない。」こちらの方が納得の流れではないでしょうか。

● 逆説と譲歩を見分ける

どうして「完全に手作りではない」と「機械に頼りすぎるとよくない」を逆接でつなげると違和感があるのでしょう？　実は、原文の「わけではありませんが」が逆接ではなく譲歩だからです。

原文：むか新のお菓子は、すべてを手作業でおこなっているわけではありませんが、機械に頼りすぎてしまうと、どうしても味や品質のムラが出てしまいます。

「手作りではない」というあまり宣伝材料にはならない情報を「たしかに手作りではないけれども、大事なところで職人の腕にこだわっているんですよ」と譲歩の形で出して、逆にアピールできる内容へと昇華しています。

「たしかにオール手作りというわけではありません。かといって、完全に機械頼りというわけでもない。機械に頼りすぎてしまうと、どうしても味や品質のムラが出てしまいます。」という流れなのです。

訳文⑤はこの流れを英語で再現しています。

訳文⑤：Admittedly, Mukashin sweets are not entirely handmade. Yet, we are not wholly automated either, because relying completely on machines will make our sweets uneven in flavor or quality.

訳文④ではまったく違うやり方でこの問題を回避しています。

訳文④：At Mukashin, we strike the best balance between handmade and machine productions; depend too much on the latter, and you will inevitably get uneven taste and quality.

あまり出したくない情報をいかにしてプラスに持っていくか、ではなく、最初からマイナス要素のない（譲歩の必要のない）形で情報を提示しているのです。スマートなやり方ですね。

ただ、「正直さ」というのは大きな味方です。企業の透明性が求められるこの時代、そして宣伝に対する読者のリテラシーがあがってきている今、都合の悪い情報を正直に認めるというのは決して不利な戦略ではありません。むしろプラス評価の要因となります。「どうせ宣伝なんていいことしか言わないでしょ」と思っている読者の意表を突き、信頼が得られるのです。

しかも、マイナス材料を認めた上でそれをひっくり返して挽回できれば、最初から自分たちにとって都合のいいことだけを宣伝するのよりも効果的だと言えます。ただよい点をアピールするだけでは当たり前のことなので右から左に抜けていってしまいますが、正直に認めた上で挽回すれば印象に残るからです。

こうしてひっくり返した上で、次の文へと続きます。

「もの・こと」より「人」で具体的に語る

次の文では、「機械頼り」ではない「職人の腕」を大切にしているというアピールポイントを深掘りします。また、強調ポイントであるカギ括弧表現が出てきます。ここはキャッチフレーズを訳すつもりで挑みましょう。

原文：わたしたちが大切にしている「いつ食べても変わらない味」のためには、職人の長年の経験や研ぎ澄まされた感覚が欠かせません。

訳文① -1：An artisan’s long experience and finely honed senses are indispensable to our principle of eternal and unchanging tastes.

訳文② -1：We pride ourselves on the same old Mukashin flavors; so we cannot do without our craftspeople, who have developed keen senses over many years of confectionery making.

訳文①は職人を “an artisan” と訳しているせいで一般論になっているのが気になります。どこの誰の話でもいいわけではなく、「うちの経験豊富な腕のいい職人」の話じゃないと困ります。

訳文① -2：**Our** artisan**s**' long experience and finely honed senses are indispensable to our principle of eternal and unchanging tastes.

また、“our principle of” で「大切にしている」という意味合いを出しているのですが、お菓子作りという文脈を考えると少し硬いように感じます。ここの部分を取ってしまって “indispensable to the eternal and” とつなげることもできますが、せっかくなので文脈に合った表現を考えてみましょう。

訳文① -3：Our artisans' long experience and finely honed senses are indispensable to our **philosophy** of eternal and unchanging tastes.

そして、「いつ食べても変わらない味」のくだり。このフレーズの大切さをよく分かってらっしゃるからこその訳（“eternal and unchanging”）ですが、少しぎこちなくなってしまっているので手を入れました。

訳文① -4：Our artisans' long experience and finely honed senses are indispensable to our philosophy of **always delivering the** unchanging **Mukashin** tastes.

キャッチフレーズ的な表現の部分に社名を使うことで、インパクトと意味の重みを出すことができます。

さらに、たしかに原文には「職人の長年の経験や研ぎ澄まされた感覚」とあるのですが、これは日本語の書き方です。「もの、こと」や「概念」よりも、「人」で直接的に、**具体的に語る**と英語らしくなります。

訳文① -5：Our artisans**, with their** long experience and finely honed senses**,** are indispensable to our philosophy of always delivering the unchanging Mukashin tastes.

「腕」が必要不可欠というのと、「職人」が必要不可欠というのでは印象が違いますよね。日本語では概念で語りがちなところを英語では具体的な話に。その観点からもうちょっとブラッシュアップできます。

訳文① -6：Our artisans, with their long experience and finely honed senses, are indispensable **for us to** always **deliver** the unchanging Mukashin tastes.

訳文②はここで挙げてきたポイントを強調した訳し方になっています。

訳文② -1：We **pride ourselves on** the same old Mukashin flavors; so we **cannot do without our craftspeople**, who **have developed** keen senses **over many years of confectionery making**.

「大事にしている味のためには腕が欠かせない」とつなげるのではなく、1文を使って「この味が大事です」と言い切る。そして、セミコロンで「だから職人なしではやっていけません」とつなげ、「経験や感覚」のくだりを「長年のお菓子作りで培った、研ぎ澄まされた経験や感覚」と丁寧に訳すことで説得力をもたせます。

そうすると、「職人の長年の経験や研ぎ澄まされた感覚」という、ある意味記号化された表現から、長年この会社でお菓子を作ってきた職人さんたちという、実在する、血の通った存在が浮かびあがってきませんか？　**具体的に書くと相手に想像させ、説得力が生まれる**のです。これが、概念ではなく具体的な話にする訳し方です。

すっきりまとめる⇔重みをもたせる

次のくだりは、前半部分が日本語ではスマートにまとめられています。しかしこれを無理矢理すっきりまとめるのではなく意味的にも自然な英文にするのは意外に難しい。後半部分は「これがお菓子作りの醍醐味」とカッコよくきめたいところです。ダラダラしそうな説明の部分はすっきり読みやすくまとめて、言いたいポイントには重みをもたせる。こうすることで、文章にリズムが生まれます。

原文：たとえ同じ手法､同じ分量､同じ材料でつくっていたとしても、同じ仕上がりになるとは限らない。そこが、お菓子づくりの難しいところであり、楽しいところでもあります。

訳文① -1：Even if the same method, amounts, and materials are used, the finished products are not always the same. This is a challenging but also an interesting point of confectionery making.

訳文② -1：The same methods, ingredients, and amounts do not necessarily make the same finished products. This illustrates the difficulty and fun of confectionery making.

訳文③ -1：Even if you make sweets using the same recipe and the same amounts of the same ingredients, you don't always get the same results. That is exactly what makes confectionery making such a tantalizing challenge.

もたついている、または読みやすいと思った訳文はありますか？　その違いはどこにあるでしょうか？　また、どの英文が「それこそ和菓子作りの極意」という雰囲気を醸し出しているでしょうか？

訳文①は少し英文として不自然に感じるので、無理矢理すっきりまとめてしまったかもしれません。常に**誰がどうした**を意識して英文を組み立てましょう。

訳文① -1：Even if the same method, amounts, and materials **are used**, **the finished products are not always the same**. This is a challenging but also an interesting point of confectionery making.

⬇

訳文① -2：Even if **you use** the same method, amounts, and materials, **you don't always get** the **same** finished products. This is a challenging but also an interesting point of confectionery making.

また、「これがお菓子作りの醍醐味です」という話をしているのに、これでは強調がとれてしまっています。「(ほかにもあるけど) これが醍醐味の１つです」ではなく、「これぞ醍醐味」に変えてみましょう。

訳文① -3：Even if you use the same method, amounts, and materials, you don't always get the same finished products. This is **the tricky and yet fascinating part** of confectionery making.

訳文②は前半部分がとてもすっきりとまとまっています。ただ、後半部分が平たんな説明文になってしまっているので、ここを変えてみます。

訳文② -1：The same methods, ingredients, and amounts do not necessarily make the same finished products. This **illustrates the difficulty and fun of** confectionery making.

⬇

訳文② -2：The same methods, ingredients, and amounts do not necessarily make the same finished products. This **is exactly why** confectionery making **is difficult, but also fun**.

訳文③は英文として自然に書こうとしたのはいいのですが、少し前半部分が重かった（長すぎる）かもしれません。

訳文③ -1：Even if you **make sweets using the same recipe and** the same amounts of the same ingredients, you don't always get the same results. That is exactly what makes confectionery making such a tantalizing challenge.

⬇

訳文③ -2：Even if you **use** the same amounts of the same ingredients **for the same recipe**, you don't always get the same results. That is exactly what makes confectionery making such a tantalizing challenge.

後半部分は「難しいけど面白い」をひとまとめにしている（"a tantalizing challenge"）のが面白いやり方ですね。

締めにふさわしい終わり方にしよう

いよいよ第 3 段落の最後の締めです。ここは説得力を出すために細かな具体例が 2 つ挙げられています。何とかスタイルをそろえて、読みやすくまとめたいですね。

それから「ほっこり笑顔」とまたもやオノマトペが出てきました。日本語のイメージにつられないで、英語における笑顔のイメージで訳しましょう。このページ最後のメッセージなのでとても大事です。「このお菓子を食べると幸せな気持ちになれるんだ」と思ってもらえるような、効果的な英語表現は何でしょうか？

また、情報を出す順番で悩むところです。英語では大事なことを最初に言い、具体例は後に来ます。とはいえ、その原則を工夫なしで当てはめると、ここではうまくいきません。どうすれば流れもよく、大事なメッセージも強調された書き方になるでしょうか。

原文：気温や湿度によって生地の混ぜ方やオーブンの温度などを変更したり、あえて小ロットの機械を使い品質のムラを防いだり。お菓子を最高の品質に仕上げるため、そしてみなさまがほっこり笑顔になっていただくための努力と手間は惜しみません。

訳文① -1：For example, we change the way to knead the dough and use a different oven temperature depending on the temperature and humidity of the day. Also, we use small-lot machines on purpose to prevent unevenness in quality. We spare no time and effort to deliver the best quality confectioneries and make you happy with satisfaction.

訳文② -1：We change the method of mixing dough and the oven's temperature based on the temperature and humidity or intentionally use small-lot machines to prevent uneven quality. We go to great lengths to produce the best quality and make our customers feel pleasant and smile.

訳文③ -1：We do our best to ensure the superior quality of our confections. For example, we adjust our dough mixers and bake ovens carefully to the temperature and humidity of the day. We also use machines for small-lot production to avoid quality unevenness. Thus, we spare no time and effort to make your warm and sweet smile with our products.

訳文④ -1：Mukashin goes to any length to make ingenious efforts for this art. For example, we change the mixing technique or the oven temperature depending on the temperature and humidity of the day. We deliberately use small-batch machines to prevent uneven quality. All this and more, just to deliver quality Japanese sweets to give you a perfect snack time of pure bliss.

「大事なポイントはここ」と分かりやすい訳はどれでしょう？　それから、笑顔のくだりがほんわか柔らかい表現になっていて、しかも英文として自然な訳はありますか？

● 長い例はさっくり読めるようにする

まず、例示の部分を見ていきましょう。例は、書き手の主張の論拠となります。アピール内容の説得力を高めるために欠かせません。具体例で「なるほどな」と思ってもらえれば、主張にも納得してもらえるというものです。

例示に説得力を持たせるためには、具体的に書く必要があります。ただ、そのせいで読みづらくなってしまっては本末転倒。読んでもらえません。ここで変な引っかかりを感じて止まって欲しくはないのです。

また、この部分に語数をかけすぎてしまうのも問題です。言いたいのはあくまでメッセージの方で、例はその導入部分とも言えます。さっと読めてすっと頭に内容が入ってくる書き方を心がけましょう。

訳文① -1（前半）：For example, we change **the way to** knead the dough and use a different oven temperature depending on the temperature and humidity of the day. Also, we use small-lot machines on purpose to prevent unevenness in quality.

⬇

訳文① -2（前半）：For example, we change **how we** knead the dough and use a different oven temperature depending on the temperature and humidity of the day. Also, we use small-lot machines on purpose to prevent unevenness in quality.

訳文②も同じように、“the method of mixing dough” という表現を “the dough mixing method” に変えればすっきりします。また、正確性を期する書き方の or を and に変えることで親しみやすくなります。

訳文② -1（前半）：We change the **method of mixing dough** and the oven's temperature based on the temperature and humidity **or** intentionally use small-lot machines to prevent uneven quality.

⬇

訳文② -2（前半）：We change the **dough mixing** method and the oven's temperature based on the temperature and humidity **and** intentionally use small-lot machines to prevent uneven quality.

● オノマトペに振り回されないようにする

次に、「ほっこり笑顔になっていただく」というくだりを見ていきましょう。原文のニュアンスを出そうとして苦労されている様子が訳文からうかがえます。

訳文① -1：We spare no time and effort to deliver the best quality
（後半）　confectioneries and make you happy with satisfaction.

訳文② -1：We go to great lengths to produce the best quality and make
（後半）　our customers feel pleasant and smile.

訳文③ -1：Thus, we spare no time and effort to make your warm and
（後半）　sweet smile with our products.

オノマトペは日本語表現を豊かにしてくれますが、英訳するとなるとなかなかどうして頭痛の種です。

訳文①は "happy with satisfaction" の部分が不自然なので、形容詞ではなく動詞の "beam with satisfaction"（満足してにっこりと笑う）に変えてみます。

訳文① -1：We spare no time and effort to deliver the best quality
（後半）　confectioneries and make you **happy** with satisfaction.

⬇

訳文① -2：We spare no time and effort to deliver the best quality
（後半）　confectioneries and make you **beam** with satisfaction.

訳文②は to do something の目的の部分が A and B（"to produce the best quality and make our customers feel pleasant and smile"）になっているのをすっきりとさせたいのと、"feel pleasant" の部分がぎこちない

のと “make our customers smile” では弱いのが気になります。この3点を解決するために、“to produce the best quality sweets that make you beam with happiness” とまとめました。

訳文② -1：We go to great lengths to produce the best quality **and make**
（後半）　**our customers feel pleasant and smile**.

⬇

訳文② -2：We go to great lengths to produce the best quality **sweets**
（後半）　**that** make **you beam with happiness**.

訳文③は “make your smile” という部分がおかしいので、ここは “make you smile warmly and sweetly” にしたいところです。でもこれでもやはりぎこちないので、“bring you the happiest smile” と変えてみました。

訳文③ -1：Thus, we spare no time and effort to **make your warm and**
（後半）　**sweet smile** with our products.

⬇

訳文③ -2：Thus, we spare no time and effort to **bring you the happiest**
（後半）　**smile** with our products.

● オノマトペは英語の擬態法に合わせる

日本語で「ほっこり笑顔」というと、どちらかというと控えめな笑顔です。口は閉じたままで、声も立てない。でも心から嬉しそうな、しみじみと喜びに浸っていそうな、そんな幸せな表現ですね。

ここで提案した “beam with happiness” の beam という動詞は、破顔一笑と言われたらこの単語を思い浮かべます。あるいは grin か。心から嬉しそうな笑顔であることに間違いはないのですが、あまり「ほっこり」という感じではありません。しみじみ嬉しいというよりも、あたりに幸せをまき散らすような笑顔です。

原文とイメージが違うからといって、もっと控えめで「ほっこり」に近い表現を何とか作り出そうとするのは、この場合2つの点で間違っています。1つ目は、英語で「ほっこり笑う」にぴったりな表現が見当たらないので不自然な表現になってしまいがちだから。2つ目は、「あなたを幸せな笑顔にするお菓子です」という最後の大事なメッセージを控えめな表現にしてしまっては訴求力が低くなってしまうからです。

原文の単語、表現が持つイメージを忠実に再現するために不自然だったり弱かったりする英語表現を使うのではなく、**英語文化に合わせて自然で効果的な英語表現を使うべき**です。大事なのはひとつひとつの単語ではなく、**何をアピールしたいのか**、なのですから。

訳文④-1（後半）：All this and more, just to deliver quality Japanese sweets to **give you a perfect snack time of pure bliss**.

訳文④では「笑顔」に相当する単語すら使っていません。代わりに、“a perfect snack time of **pure bliss**”というフレーズで「食べた瞬間に心から幸せを感じるようなお菓子」を表現しています。マーケティング翻訳は、言葉を訳すものではありません。つねに、**何が言いたいのか、何がやりたいのか**を考えるようにしましょう。

● 情報を出す順番を考えて流れをよくしよう

最後に、構成を考えましょう。締めの部分が説得力、訴求力を持てるかどうかは構成にかかっています。

「気温や温度によって」の前で改行しているので、これでひとかたまり、実は1つの段落です。英語の書き方としては、段落の始めに補足的な情報（具体例など）を持ってくるよりは、大事な情報（結論や訴えたいメッセージ）を持ってくる方が一般的。訳文①と訳文②をその順番にしてみたらどうなるでしょうか？

訳文①-2：For example, we change how we knead the dough and use a different oven temperature depending on the temperature and humidity of the day. Also, we use small-lot machines on purpose to prevent unevenness in quality. **We spare no time and effort to deliver the best quality confectioneries and make you beam with satisfaction**.

⬇

訳文① -3：**We spare no time and effort to deliver the best quality confectioneries and make you beam with satisfaction**. For example, we change how we knead the dough and use a different oven temperature depending on the temperature and humidity of the day. Also, we use small-lot machines on purpose to prevent unevenness in quality.

これで、「例示→主張」だったのが「主張→例示」になりました。訳文②も順番を変えます。

訳文② -2：We change the dough mixing method and the oven's temperature based on the temperature and humidity, and intentionally use small-lot machines to prevent uneven quality. **We go to great lengths to produce the best quality sweets that make you beam with happiness**.

⬇

訳文② -3：**We go to great lengths to produce the best quality sweets that make you beam with happiness**. For example, we change the dough mixing method and the oven's temperature based on the temperature and humidity, and intentionally use small-lot machines to prevent an uneven quality.

こちらも同じく大事な部分である主張を最初に持ってきました。しかしこれでは、段落の締め、つまりはこのページの締めが具体例で終わってしまいます。終わり方としてはとても弱い。どうにも尻切れトンボな感じが否めません。

そこで、訳文③と訳文④では締めの文を２つに分けて、メッセージで例を挟む形にしています。（訳文③は「最高の品質にするため」と「笑顔にするために何でもする」、訳文④は「何でもする」と「最高に幸せなお菓子タイムを味わってもらうために」で、分け方は違いますが。)

訳文③ -2：**We do our best to ensure the superior quality of our confections**. For example, we adjust our dough mixers and bake ovens carefully to the temperature and humidity of the day. We also use machines for small-lot production to avoid quality unevenness. **Thus, we spare no time and effort to bring you the happiest smile with our products**.

訳文④ -1：**Mukashin goes to any length to make ingenious efforts for this art**. For example, we change the mixing technique or the oven temperature depending on the temperature and humidity of the day. We deliberately use small-batch machines to prevent uneven quality. **All this and more, just to deliver quality Japanese sweets to give you a perfect snack time of pure bliss**.

　こうして、最初に結論を提示し、具体例で支えて、最後にメッセージで締めることで主張を強化しているのです。構成次第では要所要所でアピールできない、訴求力の弱い文章になってしまいます。情報を出す順番はじっくり練りましょう。

実践編のまとめ

こうして実際にウェブページを訳してみると、マーケティング翻訳は「訳す」のではなく「書く」つもりで、と Part I と Part II で言っていた意味がはっきりしたのではないでしょうか。言葉を訳すという意識では、そもそも自然な英文にはならない。さらに、何らかの目的のために色々な工夫がなされているマーケティング文書では、単語は表層的なものにすぎないのです。

「訳さなきゃ！」と思って単語に飛びついていては、意味も、意図もつかめません。まずは原文をしっかりと分析することから始めましょう。日本語ネイティブだって油断は禁物。日本語の文章は分かった気にさせる性質を持っているので、意外につかみにくいものなのです。

その文書にはどういう狙いがあるのか。その段落にはどういう狙いがあるのか。その１文、１単語にはどういう狙いがあるのか。誰が誰に向けて何のために書いた文書なのか。読み手にとって、その１文はどういう意味を持つのか、その情報はどういう価値を持つのか。

こういったことを把握した上でようやく訳出にとりかかります。お待ちかね、英語力の出番です。存分に腕をふるってください。一から自分が新しく書き上げるつもりで、英語でそのマーケティング文書を書き起しましょう。

そうすることで、違和感たっぷりのぎこちない英訳ではなく、読み手の心をとらえて動かす英語のマーケティング文書が作れるようになるのです。

そして、その際に気をつけないといけないのは文化の違いです。

最近だと、日本語の文章では「寄り添う」「想いを込める」などのやさしい情緒的な表現が好まれる傾向があります。しかしこれは日本語の流行であって、英語の文章では一般的にトーンが異なります。例えば「お客様の安心安全を大切に」というしっとりとした表現も、英語では“We care about your safety”という具合で原文と比べて力強く、その分少しドライに聞こえます。

ゲームでも日本ではいわゆる萌え絵やかわいらしい絵柄が多い一方で、海外では日本だと受けないもっとアダルトな渋い絵柄が好まれたりと、絵柄の好みや流行が違うのと同じで、文章でも好みや流行は異なります。ですから、原文の情緒的なしっとり感を忠実に再現しようとするのではなく、そこは割り切って英文でのトーンに切り替える方が、海外の読者に好まれる文章になります。

そして、文化という面ではもうひとつ大事なポイントがあります。

マーケティング翻訳は原文の書き手の代わりに製品・サービス・会社などを売り込む仕事です。しかし、原文では売り込み方がマイルドすぎて、ヘタすると翻訳する私たちもさりげないアピールに気づかないことすらあるかもしれない。謙虚であることが求められる日本文化では、日本企業は真摯な姿勢や努力、こだわりなどは前面に押し出すのですが、よいところはストレートに売り込まないで言外にアピール、ということが意外に多いのです。

しかし日本市場では当たり前の腰が低い売り方は、そのまま英語で再現するとアピールしていることにすら気づいてもらえないかもしれません。そこで、翻訳者は行間から読み取れるアピールもすべて拾って、直球勝負で売り込む必要があります。

マーケティング文書は宣伝文です。売り込まなければ意味がない。しかも、そもそも読んでもらえるとは限らないのです。いつ何時ページを閉じられてしまうか分からない。ですから、隙あらばアピールです。売り込めるところではチャンスを逃さずに売り込まないと、せっかくの商機を逃してしまいます。

「これは普通の文書ではなく、ましてや文芸作品でもない。売るために書かれた宣伝文」という意識が大事です。目の前の文を訳すのではなく、書き手が日本語でやろうとしていることを代わりに英語でやるつもりで、英語の文化に合わせてマーケティング文書を作成しましょう。

Part Ⅳ よくある間違い

❶「基づく」をとにかく“based on”と訳さない

「基づく」と言われると、based on と言いたくなりますよね。たしかに based on は使いやすくて便利な表現です。とはいっても、さすがにどんな文脈でも使えるというわけではありません。

例えば次のような原文。

原文：弊社の製品は国際基準に基づいているのでコンプライアンスも万全です。

ありがちな訳例：Our product is highly compliant as it is based on international standards.

一見問題なさそうですが、じっくり見ると違和感がありませんか？　何かしっくりこない気がするけど、なぜ？

その答えは、based on という表現のチョイス。たしかに原文では「基づく」と言っていますが、何が何に基づいているのか、言っていることの中身を考えてみましょう。

「製品」が「国際基準」に基づいているのです。例えば「この映画は○○という小説に基づ」くわけでも、「昨年のデータに基づき、今年の降水量は○○と予想される」わけでもない。ここで言いたいのは、「準拠している」ということ。「国際基準を満たしているから心配いりませんよ」ということです。

それでは、この文脈に合っているのはどのような表現でしょうか？

訳例①：You will have no compliance issue with our product, as it is aligned with global standards.

訳例②：You will have no compliance issue with our product because it meets international standards.

訳例③：You will have no compliance issue with our product, which satisfies global standards.

というわけで、いくら based on が使いやすいからといって、さすがに万能というわけではないのでご注意ください。どんな表現でもそうですが、文脈がすべてです。文脈に合った表現をその都度探しましょう。

❷ however は節と節を結べない

英訳のクラスでよく見かけるのが、however の間違った使い方です。and や but などと同じように使ってしまう方が多い。ですが、however は基本的に接続詞ではなく副詞なので、節と節を結ぶことができません。例文で見てみましょう。

よくある間違い：The government is keen on implementing the program, however, the private sector is concerned about its economic impact.

これは but なら何も問題のない文です。

修正例①：The government is keen on implementing the program, but the private sector is concerned about its economic impact.

このように、接続詞だったら節と節を結べます。しかし、however にこの働きはありません。

コウビルド米語版英英和辞典で見てみましょう。

> 1 ADV 副詞 [ADV with cl]
>
> You use **however** when you are adding a comment which is surprising or which contrasts with what has just been said.
>
> けれども
>
> This was not an easy decision. It is, however, a decision that we feel is dictated by our duty.
>
> これは簡単な決定ではなかった．しかしそれは我々の義務から導かれると感じられる決定だ．
>
> 2 ADV 副詞 EMPHASIS　強調
>
> You use **however** before an adjective or adverb to emphasize that the degree or extent of something cannot change a situation.

どれほど

You should always strive to achieve more, however well you have done before.

あなたがかつてどれほどのことをやってきたにせよ，さらなる達成のために常に努力すべきだ.

However hard she tried, nothing seemed to work.

彼女がどれほど懸命に試みようと，なにもうまくいかないようだった.

3 CONJ 接続詞

You use **however** when you want to say that it makes no difference how something is done.

たとえ

However we adopt healthcare reform, it isn't going to save major amounts of money.

たとえ医療制度改革を行ったとしても，大きな金額の節約にはならない.

4 ADV 副詞 VAGUENESS　あいまいさ

You use **however** in expressions such as or however long it takes and or however many there were to indicate that the figure you have just mentioned may not be accurate.

どれほど

Wait 30 to 60 minutes or however long it takes.

30 分でも 60 分でも，どれほど長い時間でも待つように.

5 QUEST 疑問詞 EMPHASIS　強調

You can use **however** to ask in an emphatic way how something has happened which you are very surprised about. Some speakers of English think that this form is incorrect and prefer to use "how ever."

> どうやって
>
> However did you find this place in such weather?
>
> こんな天気でどうやってこの場所を見つけたんだい.
>
> ©HarperCollins Publishers 2008

ご覧の通り、however は副詞です。

「用法の 3 番で接続詞出てくるじゃん」という声が聞こえてきますが、3 番の説明をよく見てみてください。“However we adopt healthcare reform, it isn’t going to save major amounts of money.” という例文が挙げられています。

これは「どのように○○しても」「どんなやり方でも」という意味で、“In whatever way” と言い換えられます。これは明らかに but とは違う用法です。

小学館のランダムハウス英和大辞典第 2 版にはこの用法について以下の例文が載っていて、“adv. とする見方もある ” という注意書きがあります。

> Arrange your hours however you like.
>
> 好きなように時間を割り当てなさい .
>
> However you make your living is where your talent lies.
>
> どういうふうに生計を立てるかはあなたの腕次第だ .
>
> ©Shogakukan Inc.

Merriam-Webster では接続詞と副詞の用法が別個の見出し語として収録されています。(さらに、コウビルドで副詞とされている逆接の 1 番の用法は副詞とされています。*Merriam-Webster's Unabridged Dictionary*, s.v. “however,” accessed November 10, 2022, https://unabridged.merriam-webster.com/unabridged/however.)

この用法が接続詞なのか副詞なのかを論じるのは専門家の領域ですが、ここで大事なのは、この用法がシンプルな逆接ではない、という点です。however は but と同じようには使えないのです。

それでは、さきほどの文で however を使うにはどうすればいいでしょうか？　1つには、セミコロンを使う手があります。

修正①：The government is keen on implementing the program; however, the private sector is concerned about its economic impact.

節と節の結びつきが強ければ、このようにセミコロンを使ってつなげばいいのです。あるいは、2文に分けてしまうか。

修正②：The government is keen on implementing the program. The private sector, however, is concerned about its economic impact.

この場合、文頭に however を使うことのは嫌われるので（最近では気にしなくていいという声も）位置をずらしてあります。

というわけで、however は but と同じようには使えないのでご注意ください。誤解やうっかりミスを避けるために、however は接続詞じゃなくて副詞、と思っておくと間違いがないと思います。

❸「安心安全」をすぐ“safe and secure”と訳さない

「安心安全」、日本企業のウェブサイトでよく見かける表現です。パッと思いつくのは“safe and secure”。同じく頭韻を踏んでいて、ゴロもリズムもいいですよね。でも実は要注意。

もちろん、“safe and secure”は「安心安全」の訳語として使えないわけではありません。実際に、英語版で使われているのを見かけます。(よく注意してみるとたいてい日本企業の英語ページですが。)

しかし、この表現を「安心安全」の定訳としてしまうと問題が生じます。なぜなら、safe はともかく、secure は使われる幅が狭く、対象を選ぶからです。

例えば次のような文ならどうでしょう。

原文：X の砂糖は無添加なので安心安全。

ありがちな訳例：Our sugar products are safe and secure, as we use no additives.

一見問題なさそうですが、実はおかしいこの英文。どこがおかしいのでしょうか？

その答えは、砂糖についての話なのに“safe and secure”という表現を使ってしまっていること。safe な砂糖はともかく、secure な砂糖というのは変です。どこがどう変なのか、secure の用法を見てみましょう。動詞や副詞の用法もありますが、コウビルド米語版英英和辞典から形容詞の説明のみを引用します。

> **3 ADJ 形容詞**
>
> A **secure** place is tightly locked or well protected, so that people cannot enter it or leave it.
>
> 安全な

We'll make sure our home is as secure as possible from now on.

これからは家庭ができる限り安全に保たれるよう私たちは保証する .

5 ADJ 形容詞

If an object is **secure**, it is fixed firmly in position.

固定して

Check that joints are secure and the wood is sound.

接合部が固定され，木材が正常であることを確認する .

6 ADJ 形容詞

If you describe something such as a job as **secure**, it is certain not to change or end.

安定した

...demands for secure wages and employment.

安定した賃金と雇用に対する要求 .

Senior citizens long for a more predictable and secure future.

高齢者はより予想外のことは起こらない，安定した未来を望んでいる .

7 ADJ 形容詞

A **secure** base or foundation is strong and reliable.

ゆるぎない

He was determined to give his family a secure and solid base.

彼は家族に揺るぎない確かな基盤を与えると決意していた .

8 ADJ 形容詞

If you feel **secure**, you feel safe and happy and are not worried about life.

> 安心な
>
> She felt secure and protected when she was with him.
>
> 彼女は彼といるときは，安心で，守られていると感じた．
>
>

ご覧のように、「安全」と言っても「セキュリティの面で安全」を意味します。または、しっかりと固定されている（用法５番）ので安定していて（６番）揺るぎない（７番）から何の不安もなく安心だ（８番）、という性格の言葉なのです。

ちなみに、Merriam-Webster にはコウビルドに載っていない以下の用法も載っています。

> **1c:** assured in the opinion or expectation: having no doubt
>
> <*secure* in a belief>
>
> <grow to feel too *secure* in their power — F. L. Mott>
>
> **2b:** free from risk of loss
>
> <no man's life or fortune was *secure* — F. D. Roosevelt>
>
> **2d:** TRUSTWORTHY, DEPENDABLE
>
> <his judgment on them is not so *secure* — Roy Lewis & Angus Maude>
>
> <voice under *secure* control — John Briggs>
>
> **3 :** capable of being expected or counted on with confidence: ASSURED, SURE
>
> <a *secure* victory>
>
> <*secure* of an audience that shared his views — C. H. Rickword>
>
> *Merriam-Webster's Unabridged Dictionary*, s.v. “secure,” accessed October 22, 2022, https://unabridged.merriam-webster.com/un-

> abridged/secure.

いずれにしても、「添加物が使われていないので安心安全な砂糖」という文脈では使えません。secure はそういう意味の安心、安全ではないので。

「安心安全」ときたら“safe and secure”だと思っていると、思わぬ事故を起こしてしまいます。「セキュアな砂糖」になってしまっていないか、いったん冷静になって確認しましょう。「何の話か」をお忘れなく！

Part V 練習問題

練習問題❶「アピール」を appeal 以外の表現を使って訳してみよう

問題

次の 1 文を appeal という単語を使わずに英訳してみてください。

原文：**日本型の環境対策を世界にアピールしていく。**

いかがでしょうか。自然な英文になりましたか？

こういう文は、例えば以下のように appeal を使って訳すとおかしなことになってしまいます。

ダメな訳例：We will appeal our uniquely Japanese green solutions to the world.

これだと appeal の用法が間違っています。「アピール」は「よいところを売り込む」という意味で使われますが、appeal にそういう用法はありません。元の英単語は割と重々しい言葉です。

コウビルド米語版英英和辞典でどのように動詞の用法が説明されているか見てみましょう。

> **1 V-I 自動詞**
>
> If you **appeal** to someone **to** do something, you make a serious and urgent request to them.
>
> 訴える

He appealed to voters to go to the polls tomorrow.
明日は投票に出かけるように彼は有権者に訴えた.

He will appeal to the state for an extension of unemployment benefits.

彼は政府に対し失業手当の受給期間の延長を求めるつもりです.

2 V-T 他動詞

If you **appeal** a decision **to** someone in authority, you formally ask them to change it.

上訴する；(判定などに) 抗議する

We intend to appeal the verdict.

この評決を不服として上訴するつもりです.

3 V-I 自動詞

If something **appeals to** you, you find it attractive or interesting.

魅力がある

On the other hand, the idea appealed to him.

一方でその考えに興味をひかれる部分もあった

「(何らかの要求、主張を) 訴える、訴えかける」、法廷用語で「上訴する」。こうしてみるとかなり重々しい言葉です。それから、ずっと意味が軽い日本語の「アピールする」の起源と言える3番の用法、「(何かを) 魅了する」。

どれも「外に向かって働きかける」という性質を持っています。このように、appealはどの用法でも日本語の「アピールする」にはまったく当てはまらないのです。(3番の用法ですら。「あるものが誰かに対して魅力を持つ」なので、用法がまったく違います。)

それでは、appealを使わないでどのように訳せるでしょうか？

訳例①：We will showcase our uniquely Japanese green solutions to the world.

訳例②：We will present the world with our uniquely Japanese green solutions.

訳例③：We will demonstrate the efficacy of our uniquely Japanese green solutions to the world.

どれも「見せる、見せつける」という意味にとれますが、まったく同じニュアンスというわけではありません。同じ書き方でも微妙に違う意味合いで解釈できます。訳例①と②は「披露する」、訳例②のpresentは「進呈する」という意味にもなれば、to the worldなら「提示する」にもなり（どちらの意味でも「日本型の環境対策を世界に提案する」と訳せますね）、訳例③のdemonstrateは「実証、実演する」という意味合いが強いので、文脈に合わせて選びましょう。

というわけで、「アピール≠ appeal」です。カタカナ語にはくれぐれもご注意ください。

練習問題❷「紹介する」を introduce 以外の表現を使って訳してみよう

問題

次の 2 文を introduce という単語を使わずに英訳してみてください。

原文①：この画期的な新製品をご紹介します。

原文②：体にいい玄米を美味しくいただくちょっとしたコツをご紹介！

いかがでしょうか。文脈にぴったりの表現は見つかりましたか？

「紹介する」と来ると、思わず introduce を使いがちです。しかしこの introduce、よく知られている割には意外におかしな使い方をされていることが多いのです。

ダメな訳例①：We will introduce this innovative new product.

ダメな訳例②：We will introduce some tips for making tasty meals with this superfood, brown rice.

英文としてどこか不自然だと思いませんか？　どこがいけないのでしょうか？

その答えは、introduce の使い方。誰でも知っている introduce ですが、実は用法が勘違いされがちです。ここでしっかりと用法を押さえておきましょう。

Merriam-Webster では以下のように説明されています。

> **1a:** to lead, bring, conduct, or usher in especially for the first time
>
> <*introduce* a person into a drawing room>
>
> <*introduce* European birds into America>
>
> **b:** to cause to take part or be involved by introducing
>
> <the fruits of introducing party men into municipal affairs — *Sydney (Australia) Bulletin*>
>
> **2a:** to bring into play (as in action or thought)
>
> <*introduce* abuses into court practices>
>
> : bring forward in the course of an action or sequence
>
> <*introduce* irrelevancies into the discussion>
>
> : add or contribute (as a new element or feature)
>
> <*introduce* new business into a play>
>
> <*introduced* amendments to the draft extension bill — *Current Biography*>
>
> <*introduced* a new and mutually beneficial element into crop and livestock husbandry — N. C. Wright>
>
> **b:** to bring into practice or use: INSTITUTE
>
> <*introduce* a new fashion in hats>
>
> <the first officer to *introduce* gunpowder into the French Army —

Edmond Taylor>

<*introduced* club cars on certain important business expresses — O. S. Nock>

<slow to *introduce* new processes, slow to adopt new inventions — Leo Wolman>

3 : *obsolete* : to cause to exist : bring into being

4 : to lead to or make known by a formal act, announcement, or recommendation: such as

a: to cause to be acquainted: cause to know each other personally

<*introduce* two strangers>

: make (one person) known to another

<*introduce* the boy to her father>

b: to present formally at court or to society

<a party to *introduce* his daughter to London society>

c: to present or announce formally or officially or by an official reading

<*introduce* a bill to Congress>

d: to make preliminary explanatory or laudatory remarks about (as a performer or act in a show)

<a master of ceremonies … to *introduce* acts on the bill — *Current Biography*>

e(1): to bring (as an actor, singer, or literary character) before the public for the first time (as in a play, a concert, or a novel)

<a Hollywood extravaganza introducing a young Broadway star>

<several excellent mysteries introducing a French detective — A.

C. Ward>

(2): to bring (a commercial product) to the attention of the public (as by an advertising campaign)

5 : to lead into or preface

<*introduce*s his study with a detailed description and careful evaluation of the publisher materials used in his report — W. H. Voskuil> : START, BEGIN

<*introduce* a subject by a long preface>

6a: to put or insert into

<*introduce* a catheter into a vein>

<some 1800 eggs were *introduced* into a tiny drop of sea water — W. C. Allee>

b: to put (an atom or group of atoms) into a molecule

7 : to bring to a knowledge of or into intellectual acquaintance with something (as by contact or instruction)

<*introduce* readers to the poet's works>

Merriam-Webster's Unabridged Dictionary, s.v. "*introduce*," accessed October 22, 2022, https://unabridged.merriam-webster.com/unabridged/*introduce*.

日本語の「紹介する」と用法が違うことに気づかれたでしょうか？　ここで挙げられている用法で、「紹介する」と和訳できそうなのは実は少数派です。

1は「(はじめて) もたらす」(文脈によっては例文のように「部屋に案内する、通す」にも「導入する、(生物種を外国に) 移植する」にも、「触れさせる、教える」にもなる)。2は「新しい要素を持ち込む、もたらす」で、訳語としては文脈によって「持ち込む、取り入れる、組み込む」、または「披露する、発表する、始める、導入する」など。

4a が（人を）「紹介する」、「引き合わせる」、4b が「（社交界や宮廷で）お披露目する」、4c が（議会など）に提出する、発表する」、4d が「（出演者などを）紹介する」、4e(1) が「（登場人物などを）初披露する、初登場させる」、4e(2) が今回の原文①に関係ありそうな「（製品を）発表する、披露する」、5 が「（論文などに）序文をつける」、6a、6b が医学や化学、科学の用語で、7 が「（学問的な文脈で）手ほどきする、教える」。

このように introduce の使われ方をじっくりと確認すると、冒頭の文で使うとしっくりこないことがはっきりしたと思います。4e(2) 番の用法が一番近いとはいえ、これは以下のような例文で見られる用法です。

> The designer is *introducing* a new line of clothes.
>
> (*Merriam-Webster.com Dictionary*, s.v. "introduce," accessed October 21, 2022, https://www.merriam-webster.com/dictionary/introduce.)

> The company is introducing a new range of products this year.
>
> (*Oxford Advanced Learner's Dictionary, 9th Edition*, s.v. "introduce," JapanKnowledge, accessed October 21, 2022, https://japanknowledge.com/)

これは「（世間に）発表する、披露する、（市場に）投入する、売り出す」という意味で、「新製品をご紹介」という原文の用法（製品説明の導入部分）に当てはまらないのです。製品紹介で introduce を使うとしたら、見出しで "Introducing the next-generation XXX to you..." という風に使うくらいではないでしょうか？　また、ここで解説されているどの用法も、原文②の（軽いニュアンスの）「教える、伝える、知識を伝授する」にも当てはまりません。

それでは、introduce を使わないでどのように訳せるでしょうか？

訳例① -1：XXX（社名）proudly presents you with this innovative new product.

訳例① -2：Let's have a close look at this innovative new product.

訳例① -3：We are excited to offer this innovative new product to you.

こういう場合によく使われる定型文を集めてみました。訳例① -1 は古典的な定型文で、今では少し古めかしい感じもします。訳例① -2 は「くわしく見てみましょう」と言ってから製品説明という流れです。訳例① -2 の "we are excited to" は英文ではよくあるパターンですが、逆に和訳で苦しめられそうですね。

それでは、「コツをご紹介」のようなパターンではどういう英文がぴったりでしょうか？

訳例② -1: We'll share with you some tips for making tasty meals with this superfood, brown rice.

訳例② -2: Here are some tips for you on how to make tasty meals with this superfood, brown rice.

訳例② -3: Find out how you can make tasty meals with this superfood, brown rice.

原文②の文脈なら、動詞だったら "share with" がぴったりではないでしょうか？ 「コツ」を tips や hints などの名詞で訳出することにこだわらなければ、"show you how you can make..." という言い方も考えられます。

ここで "Here's how" という文型もアリですが、それだと静的であまり働きかける力がないので、同じ "how you can" のパターンでも、訳例② -3 のように "Find out how" と読み手に行動を呼びかける言い方の方がおススメです。

練習問題❸「チャレンジする」をchallenge以外の表現を使って訳してみよう

問題

次の1文をchallengeという単語を使わずに英訳してみてください。

原文：**持続可能な未来のために、Xは多様性にチャレンジし続けます。**

いかがでしょうか。自然な英文になりましたか？

こういう文は、例えば以下のようにchallengeを使って訳すとおかしなことになってしまいます。

ダメな訳例：X will continue to challenge diversity for the sustainable future.

これではchallengeの用法が間違っています。「チャレンジする」は「トライする、挑む、試してみる」というポジティブな言葉で、それほど重い意味はありません。ですが、challengeはもっと重々しい動詞です。

コウビルド米語版英英和辞典でどのように動詞の用法が説明されているか見てみましょう。

> **4 V-T 他動詞**
>
> If you **challenge** ideas or people, you question their truth, value, or authority.
>
> 異議を唱える

Democratic leaders have challenged the president to sign the bill.

民主党の指導者たちは大統領がその法案に署名するのに異議を唱えた .

The move was immediately challenged by two of the republics.

その動きは直ちに共和国のうちの 2 か国の異議申し立てに遭った .

5 V-T 他動詞

If you **challenge** someone, you invite them to fight or compete with you in some way.

挑戦する

Marsyas thought he could play the flute better than Apollo and challenged the god to a contest.

マルシュアースはアポロより上手にフルートを演奏できると思い，その神との競争に挑んだ .

He left a note at the scene of the crime, challenging detectives to catch him.

彼は犯行現場にメモを残し，捕えてみろと刑事に挑んだ .

このように、日本語の「チャレンジする」よりも重たい言葉なのです。真っ向から対立するイメージです。トライしてみよう、ちょっと頑張ってみよう、という軽い感じではありません。

ダメな訳例の “challenge diversity” は、多様性と対立しているわけではないので（異議を申し立てているわけでも、決闘を申し込んでいるわけでもない）使い方が間違っています。

実は、名詞形なら challenge をチャレンジの訳語として使えなくもありません。例えば、「新しいことにチャレンジする」は “to take on new challenges” と訳せます。

ここで注意したいのは、名詞形の challenge は「チャレンジするという行為」を指しているのではなく、「チャレンジする対象」を指している点です。

つまり「難問」や「課題」であって、「チャレンジ」ではありません。名詞形でほかにも重々しい意味合いの「挑戦」や抗議、異議申し立てなどの用法もありますが、やはり日本語の「チャレンジ」とは意味合いも使い方も違う。「チャレンジ≠ challenge」なのです。（唯一の例外が SNS で見かける○○ challenge という用法で、これはチャレンジと完全に一致します。）

ちなみに、Merriam-Webster にはコウビルドに記載された用法とは少し毛色の違う用法が載っています。

> **2b:** to call for, often as if possessing a natural right : REQUIRE, DEMAND
>
> <an event that *challenges* explanation>
>
> <Homer of all Greek poets *challenges* first place>
>
> —often used of an attitude, ability, or psychological response
>
> <survival in enemy territory *challenges* skill>
>
> **6 :** AROUSE
>
> <new ideas to *challenge* your interest>
>
> : STIMULATE, EXCITE
>
> <temptation *challenges* them at every turn>
>
> <we must bring the discussion back to … where once again it *challenges* the imagination — A. E. Stevenson, born 1900>
>
> *Merriam-Webster's Unabridged Dictionary*, s.v. “challenge,” accessed October 23, 2022, https://unabridged.merriam-webster.com/unabridged/challenge.

とはいえ、「当然のごとく要求する」(2b) と「刺激する」(6) にもどこか挑発的な性格が。challenge は「チャレンジする」ではなく「挑みかかる」の方が近いのだと思います。

それでは、challenge を使わないでどのように訳せるでしょうか？

訳例①：We are committed to our diversity agenda for a sustainable future.

訳例②：We will pursue our diversity programs for a sustainable future.

訳例③：We will continue to make efforts to enhance diversity for a sustainable future.

直接的に「続ける」という意味の表現を使っているのは訳例③のみですが、“be committed to” と “pursue” も「その状態が続く」という意味が内包されているのでこれだけでも大丈夫です。

というわけで、「チャレンジする」は「challenge」ならず、です。challenge ときたら騎士がこてを投げつけて決闘を申し込む場面を想像してください。「チャレンジ」の響きの軽さが吹き飛びます。

最後に

日本はお辞儀文化の国です。お客様には当然敬語を使います。上の立場にいるのは（実際にどうかは別にして）お客様です。お客様を下の名前で呼んだり、友人みたいに話しかけたりするのは考えられません。「たかこー、うちの新作すごくいいよー」と営業の人に話しかけられたりしたら、「この人距離感おかしい」と思ってその場で逃げます。

でもそれがアメリカ英語の文化です。別世界なのです。売り手と買い手の距離感も違えば、関係性も違う。根本的に文化が違います。

英訳する際に、どこまでその違いを意識できているでしょうか？　翻訳しようと思うと、目の前の言葉を訳すことに意識が向いてしまって、言葉にならないところを忘れてしまっていませんか？

それが、マーケティング文書の英訳がうまくいかない大きな理由だと思います。

お客様に敬語を使うのは私たちにとっては当たり前のこと。自慢にとられないように、尊大だと思われないように、謙虚に話すのは当然のこと。でもそちら側の世界にそういう「常識」を持ち込んだら、異邦人という意味でも別の星から来た人という意味でもエイリアンの書いた文章になってしまいます。

「ウチノセイヒンハコンナニスグレテイルヨ。ダカラアナタガコノセイヒンヲツカエルスバラシイキカイヲテイキョウシマス」。日本語で言えばこんな感じです。違和感しかない。これではとても話の内容など頭に入ってきません。

異文化性を売りにするのならともかく、「普通」に売りたいのなら、原文に染みこんでいる「日本文化」をいったん客観視する必要があります。無意識のうちにかかっている「常識」のフィルターを外して、書き手がやろうとしていることを正確に読み取りましょう。それを英語で余すところなく、さらには文化的な違いを加味して心もち強めにアピールしていきましょう。

そうすることで、エイリアンが英語で書いた文章ではなくなり、話を聞いてもらえます。そこでようやく売り込むことができます。マーケティング文書のさまざまな売り込むためのテクニックもこれで役に立つというものです。

マーケティング翻訳をやるのなら、いったん「訳す」という意識は忘れましょう。

「言葉を訳す」のではダメなのです。言葉を訳そうと思うと文字面をなぞりがちになります。ひとつひとつの単語にとらわれてしまって、単語の置き換え作業になってしまうのです。

文字面をなぞるのではなく、一歩踏み込みましょう。何を言っているのか。何が言いたいのか。何でそう言いたいのか。意味と意図、狙いを読み取った上で、英語の世界の流儀にのっとって英語で売り込む。それがマーケティング翻訳の仕事です。

日本企業の文章は、たいてい読み手に向かってお辞儀をしています。お辞儀をするのではなく、読み手をハグしにいく気持ちで書きましょう。親しみやすく、気持ちを分かってくれて、いつも「あなた」のことを第一に考えている英語のマーケティング文書。それが、私たちの目指すべきゴールだと思います。

最後になりましたが、ウェブページの使用をご快諾くださった株式会社向新様に衷心より拝謝申し上げます。御社のウェブページを課題として使わせていただけたおかげで本書が実現いたしました。

また、Part III 実践編のベースとなる講座にご参加くださり、変更した点はありますが本文中での訳文の使用を許可してくださった受講生の皆様に深謝いたします。ご協力ありがとうございました。

そして、自書の執筆経験はないどこぞの翻訳者に本書執筆の機会を与えてくださった三修社の安田様に万謝を捧げます。安田さんが手綱を取ってくださったおかげで何とか形にすることができました。

日本企業の製品やサービスの魅力を伝えるマーケティング翻訳が強化されれば、日本の発信力も高まります。海外に向けた日本企業の発信力を担うのは私たちだという意識で、（少なくともまだ）AI にはかなわない「こころを射止める」マーケティング翻訳の道を邁進してまいりましょう。

■著者プロフィール
岩木貴子（いわき・たかこ）
翻訳家、マーケティング翻訳事務所 IWAKI 代表、通訳翻訳スクール講師。実務翻訳（マーケティング）と書籍翻訳で日英・英日翻訳に従事。早稲田大学、ダブリン大学卒業（どちらも英文学専攻）。
主な翻訳書に、『セールスライティング・ハンドブック増補改訂版［新訳］広告・DM から Web コンテンツまで、「売れる」コピーのすべて』（翔泳社）、『フレディ・マーキュリー〜孤独な道化〜』（ヤマハミュージックエンタテインメントホールディングス）などがある。

協力：株式会社向新（むか新）
株式会社アイ・エス・エス

刺さる英語マーケティング翻訳術

2023 年 2 月 10 日　第 1 刷発行

著　者　　岩木貴子
発行者　　前田俊秀
発行所　　株式会社 三修社
〒 150-0001　東京都渋谷区神宮前 2-2-22
TEL03-3405-4511
FAX03-3405-4522
https://www.sanshusha.co.jp
振替 00190-9-72758
編集担当　安田美佳子
印刷・製本　日経印刷株式会社

ISBN978-4-384-06059-1 C2082

カバー・本文デザイン：株式会社エヌ・オフィス